21世纪职业教育公共课规划教材

Guoxue Jianyi Jiaocai Chubian

# 国学简易教材初编

何世凡　主编

西南交通大学出版社
·成　都·

图书在版编目（CIP）数据

国学简易教材初编 / 何世凡主编. —成都：西南交通大学出版社，2009.8（2017.8 重印）
21 世纪职业教育公共课规划教材
ISBN 978-7-5643-0335-8

Ⅰ. 国… Ⅱ. 何… Ⅲ. 国学－专业学校－教材 Ⅳ. Z126

中国版本图书馆 CIP 数据核字（2009）第 133588 号

21 世纪职业教育公共课规划教材
国学简易教材初编
何世凡 主编
*
责任编辑 张华敏
特邀编辑 李殿元
封面设计 墨创文化
西南交通大学出版社出版发行
四川省成都市二环路北一段 111 号西南交通大学创新大厦 21 楼
邮政编码: 610031 发行部电话: 028-87600564
http: //www.xnjdcbs.com
成都蜀通印务有限责任公司印刷
*
成品尺寸: 170 mm×230 mm 印张: 12.875
字数: 228 千字
2009 年 8 月第 1 版 2017 年 8 月第 7 次印刷
**ISBN 978-7-5643-0335-8**
定价: 26.50 元

# 前　言

“国学”是一个宽泛的概念，究其含义，有广义、狭义之分。本教材避其广义，取其狭义。广义的国学，内容包罗万象，非本教材所能承载。狭义的国学，直追传统文化之根，直溯传统文化之源。“求木之长者，必固其根本；欲流之远者，必浚其泉源”。从国学的根源处着手，这是编写本教材的宗旨。宗旨是为目的服务的。宗旨既明，目的为何？继承并弘扬传统文化，加强学生的道德修养，提高学生的文化品位、审美情趣、人文素养，培养德才兼备的高素质人才。这是我们编写本教材的目的。

为达到这一目的，我们对教材的选材内容和范围进行了定位：选最能代表传统文化精髓，最能体现民族文化精神，最能影响时代风气，最能满足当代青年道德追求和精神寄托的内容和篇章。我们认为，能兼容如上诸内容者，莫过于儒家学说，国学之根，正在于此。儒家学说，多载于《四书》、《五经》，就目前职业院校学生的实际情况而论，《五经》太博、太专、太难，亦非必需，《四书》较为平易，亦得其要，或可对症，故《五经》存而不论，唯选《四书》精华。

世有所谓版本之学，选何者为佳？南宋朱熹（公元 1130—公元 1200）所撰《四书集注》用力颇勤，有为其他注家所不及，故本教材选编决定以朱熹的《四书集注》为蓝本。

《四书》是《大学》、《中庸》（均选自《礼记》）、《论语》、《孟子》的合称。合四书而注者，始于朱熹。在朱熹看来，曾参著《大学》，子思著《中庸》，孔子学说经由曾参、子思而传至孟子，于是儒家道统得以存。孔子有弟子三千，而“曾氏之传独得其宗”（《大学章句序》），《中庸》“乃孔门传授心法”之作，“子思恐其久而差也，故笔之于书以授孟子”。（《中庸章句》）朱子继“二程”，朱熹引程子云：“学者当以《论语》、《孟子》为本，《论语》、《孟子》既治，则六经可不治而明矣。”（《读论语孟子法》），又云：“程氏两夫子出，而有以接乎孟氏之传。”（《大学章句序》）程氏之后，舍我其谁？朱熹以儒家道统继承人自任，瘁心力而注《四书》成。《四书》对后世影响之大，非他书可比，朱子之后至“五四”新文化前，基本上被定为官方教科书，士子必读，科举必考。由此观之，孔门精华载于《四书》，儒家道统存于《四书》，国学之根涵养于《四书》，这便是我们以《四书集注》为蓝本编写本教材的缘由。

朱子距今毕竟年代久远，《四书集注》在现代社会看来，或多或少存在一些主观、片面或不足之处，这就需要教材编写者进行取舍。但限于时间、精力、学识水平，既不能一一驳正以见新意，又不能视而不见避之弃之，于是只好借助它山之石，以攻玉之不足。虽偶有编撰者千虑之一得，所得者不过竭力索其通俗之意，避免穿凿附会，对于实在难以定夺之处，或取一说，或仍循其旧，总之，以避繁就简为原则。在编写本教材时，还借鉴了以下著作：刘宝楠的《论语正义》、焦循的《孟子正义》、杨伯峻的《论语译注》、乌恩溥的《四书译注》、宋裕的《中国文化基本教材精粹》、徐志刚的《论语通译》、《孟子选注》等，另外，对李泽厚《论语今读》、南怀瑾《论语别裁》、《孟子旁通》也有所参考。

本教材由内江铁路机械学校何世凡担任主编，舒铮、颜静、熊杰、刘媛参与编写，刘媛负责全部文字录入，钟晓明、朱俐对教材的编写给予了大力支持。本书由何世凡统稿。

由于编写时间仓促，且编写者学识水平所限，书中谬误在所难免，期待读者批评指正，以便再版时更为完善。

**内江铁路机械学校“国学教材”编写组**

2009 年 7月

# 《四书》简介

| 书名 | 作者 | 篇数 | 学说主旨 | 地位 | 注疏 |
|---|---|---|---|---|---|
| 论语 | 为孔子弟子及再传弟子所记 | 二十篇 | 中心思想在一个“仁”字，言“仁”则归于克己复礼，言“学”则重下学上达，言“政”则先正己而后正人，为儒家学说最精深宏博者 | 十三经之一，四书之一 | 十三经注疏中，《论语》为魏何晏等注，宋邢昺疏 |
| 孟子 | 非出一人，亦非辑于一时，或由战国时邹人孟轲弟子公孙丑、万章辈随时笔记，而经孟子润色而成 | 七篇，每篇又分上下 | （1）道性善<br>（2）尊王贱霸<br>（3）贵民轻君<br>（4）先富后教<br>（5）重仁义，轻功利<br>（6）距杨墨，放淫辞 | 十三经之一，四书之一 | 十三经注疏中，《孟子》为汉赵岐注（《孟子章句》），宋孙奭疏 |
| 大学 | 经一章是曾子述孔子之意。传十章是曾子弟子述曾子之意 | 经一章、传十章 | 全书以明明德，亲民，止于至善为三纲领。“格物”、“致知”、“诚意”、“正心”、“修身”、“齐家”、“治国”、“平天下”为八条目，而一贯之以“诚”字 | 《礼记》第四十二篇，四书之一 | 朱子有《四书章句集注》 |
| 中庸 | 孔子之孙子思所作 | 三十三章 | 前半部发明“中”字之义居多，后半部发明“诚”字本义居多。有许多言辞，大都和《大学》相互发明 | 《礼记》第三十一篇，四书之一 | 朱子有《四书章句集注》 |

# 目　录

# 第一篇

# 《论语》选读

（选二百零八章）

# 《论语》简介

| | |
|---|---|
| 书名 | 两汉时代有单称此书为“论”、“语”、“传”、“记”。汉以后统称为《论语》 |
| 体裁 | 语录体 |
| 作者 | (1)《汉书·艺文志·六艺略》记载:“《论语》者,孔子应答弟子时人,及弟子相与言,而接闻于夫子之语也。”即孔子、时人之对答及弟子对语而接闻于孔子者<br>(2)此书非成于一人之手,而系孔子弟子各有所记,其后乃由七十子之门人所纂辑,其中包括曾子的弟子 |
| 内容 | (1)共二十篇:起于《学而》,终于《尧曰》。前十篇称为上《论》,后十篇称为下《论》<br>(2)其主旨则归于“仁”,从“仁”字出发而及于“义”、“道”、“德”、“忠”、“信”、“恕”,以及“孝弟”、“智”、“勇”、“敬”、“宽”、“敏”、“慧”、“知”、“行”、“礼乐”、“君子与小人”、“文与质”,等等 |
| 流变 | 秦火后,汉有今文《鲁论》、《齐论》与古文《古论》。今《论语》乃《张侯论》,以《鲁论》为主 |
| 价值 | (1)为儒家的重要典籍<br>(2)宋赵普曾言:“以半部论语治天下”。是指前十篇之上《论》<br>(3)阐扬孔子仁义道德学说,而发展成中国的传统文化<br>(4)是后来家学著作之先河,开创了百家言的新风气 |
| 注疏 | (1)今《十三经注疏》中之《论语》,为魏何晏的《集解》,宋邢昺的《正义》<br>(2)南宋朱熹的《论语集注》,清朝刘宝楠的《论语正义》亦曾详加注释 |

# 一、认识孔子

(选二十八章)

**一至二章：论述孔子志在使天下人皆能各得其所，胸怀十分开阔，且极为注重生活情趣，并非一拘谨之人。**

**1.【章旨】 孔子与颜渊、子路，各言其志。**

【原文】 颜渊、季路侍(1)。子曰："盍各言尔志(2)？"子路曰："愿车马衣裘(3)，与朋友共，敝(4)之而无憾。"颜渊曰："愿无伐善(5)，无施劳(6)。"子路曰："愿闻子之志。"子曰："老者安之，朋友信之，少者怀之。"

——《公冶长》

【今译】 颜渊、子路两人侍立在孔子身边。孔子说："何不各自说说你们自己的志向？"子路说："愿意有车马乘坐，穿又轻又暖的皮衣，而且拿出来与朋友共同使用，就是用坏了穿破旧了，也不抱怨。"颜渊说："我愿意不夸耀自己的长处，不表白自己的功劳。"子路［转问］说："愿意听听老师您的志向。"孔子说："使年老的人们生活得安康舒适，使朋友们能够互相得到信任，使年轻的孩子们得到关怀养护。"

【注释】

(1) 颜渊（前521—前480）：姓颜名回，字子渊，又称颜渊，鲁国人，是孔子早年最忠实的弟子，被孔子器重厚爱，比孔子小三十岁（一说小四十岁）。季路（前542—前480）：即子路，姓仲，名由，字子路，因跟随季氏，又称季路，鲁国人，是孔子早年的弟子，长期跟随孔子，比孔子小九岁，是忠实的警卫，曾做季康子的家臣，后死于卫国内乱。

侍：服侍，陪同在尊长身边站着。《论语》中，单用"侍"字，指孔子坐着，弟子站着；用"侍坐"，指孔子坐着，弟子也坐着；用"侍侧"，指弟子陪同孔子，或立或坐。

(2) 盍（hé何）：何不。

(3) 裘（qiú求）：皮衣。

（4）敝：损坏。

（5）伐：夸耀，自夸。善：优点，才能

（6）施：表白，张扬；一说，“施”，是施加给别人。无施劳：不把劳苦的事加在别人身上，即自己不辞劳苦，对劳累的事不推脱。劳：功劳。

**2.【章旨】 孔子诱导弟子谈论志向，并致其赞许之意。**

【原文】 子路、曾皙、冉有、公西华侍坐[1]。子曰：“以吾一日长乎尔，毋吾以也[2]。居则曰[3]：‘不吾知也！’如或知尔，则何以哉？”子路率尔而对曰[4]：“千乘之国[5]，摄乎大国之间[6]，加之以师旅[7]，因之以饥馑[8]，由也为之，比及三年[9]，可使有勇，且知方也[10]。”夫子哂之[11]。“求！尔何如？”对曰：“方六七十，如五六十，求也为之，比及三年，可使足民。如其礼乐，以俟君子[12]。”“赤[13]，尔何如？”对曰：“非曰能之，愿学焉。宗庙之事，如会同[14]，端章甫[15]，愿为小相焉[16]。”“点，尔何如？”鼓瑟希[17]，铿尔[18]，舍瑟而作[19]，对曰：“异乎三子者之撰[20]。”子曰：“何伤乎[21]？亦各言其志也。”曰：“莫春者[22]，春服既成[23]，冠者五六人[24]，童子六七人，浴乎沂[25]，风乎舞雩[26]，咏而归。”夫子喟然叹曰：“吾与点也！”三子者出，曾皙后。曾皙曰：“夫三子者之言何如？”子曰：“亦各言其志也已矣。”曰：“夫子何哂由也？”曰：“为国以礼。其言不让，是故哂之。”“唯求则非邦也与[27]？”“安见方六七十如五六十而非邦也者？”“唯赤则非邦也与？”“宗庙会同，非诸侯而何？赤也为之小，孰能为之大？” ——《先进》

【今译】 子路、曾皙、冉有、公西华，陪奉孔子闲坐着。孔子说：“我比你们年长一些，不要因为我而拘束。［你们］平时常说：‘人家不了解我啊！’假如有人了解你们［要任用你们］，那么［你们］打算怎样做呢？”子路直率，急忙回答说：“一个拥有一千辆兵车的国家，夹在大国之间，受别国军队的侵犯，又遇上灾年饥荒，让我去治理，只要三年，就可以使人民勇敢，而且知道遵守礼义。”孔子微笑了一下。［孔子又问］：“冉求，你如何呢？”［冉求］回答说：“一个纵横六七十里，或者五六十里的小国，让我去治理，只要三年，就可以使人民富足。至于礼乐教化方面，那要等待君子去实行了。”［孔子又问］：“公西赤，你如何呢？”［公西赤］回答说：“不敢说我能够做到些什么，我很愿意学习啊。在宗庙祭祀的事务上，或者与别的国家的盟会中，我穿上礼服，戴上礼帽，愿意做一个小小的赞礼人。”［孔子又问］：“曾点，你如何呢？”［曾点正在］弹瑟，声音稀疏，“铿”的一声停了，放下瑟，站起身来，回答说：“［我的志向］不同于他们三位的陈述。”孔子说：“那又有什么妨碍呢？也就是各人谈谈自己的志向啊！”［曾点］说：“暮春时节，春天的夹衣已经穿上了，和五六个成年人，六七个少年人，去沂河洗洗澡，到舞雩台上吹吹风，唱着歌一路走回来。”孔子长叹一声，说：“我是赞成曾点的。”子路、冉有、公西华三人都出去了，曾皙最后走。曾皙［问孔子］说：“他们三人的话如何呢？”孔子说：“也就是各人谈谈自己的志向罢了。”［曾皙］说：“夫子为什么要笑仲由呢？”孔子说：“治理国家要讲礼让，他说话却不谦让，所以笑他。”［曾皙又问］：“难道冉求所讲的不是邦国之事吗？”［孔子说］：“哪里见得纵横六七十里或者五六十里的地方就不是国家呢？”［曾皙又问］：“难道公西赤讲的不是邦国之事吗？”［孔子说］：“有宗庙、有同别国的盟会，那不是诸侯国又是什么呢？如果公西赤只能做一个小相，谁还能做大相呢？”

【注释】

（1）曾皙（xī 西）：姓曾，名点，字子皙，曾参的父亲，南武城人，也是孔子的弟子。冉有：姓冉名求，字子有。公西华：姓公西，名赤，字子华。这三个人和子路都是孔子的弟子。侍坐：陪同长者闲坐。

（2）毋吾以：不要因我而受到拘束，而停止说话，不肯发言。“毋”：不，不要。“以”：同“已”，停止；一说“以”为动词，“认为”的意思。

（3）居：平时，平素。

（4）率尔：轻率地，急忙地。

（5）千乘之国：“乘（shèng 胜）”，兵车。古代常以兵车数量作为国家大小的标志。古代是按土地多少来配备兵车的，拥有一千辆兵车就是拥有纵横一百里面积的诸侯国。

（6）摄：夹在其中，受局限，受逼迫，受管束。

（7）师旅：古代军队组织，五人为伍，五伍为两，四两为卒（100 人），五卒为旅（500 人），五旅为师（2500 人），五师为军。“加之以师旅”：是指发生战争，受别国军队的侵犯。

（8）饥馑（jǐn 紧）：荒年，灾荒年。原自《尔雅·释天》：“谷不熟为饥，蔬不熟为馑。”

（9）比及：等到，到了。

（10）知方：指懂得道义，遵守礼义。

（11）哂（shěn 审）：微笑，讥笑。

（12）俟（sì 四）：等待。

（13）赤：姓公西，名赤，字子华，鲁国人，公元前 509 年生，卒年不详，孔子的弟子。

（14）会同：诸侯会盟。两诸侯相见，叫“会”；许多诸侯一起相见，叫“同”。

（15）端章甫：“端”，也写作“褍”，周代的一种礼服，也叫“玄端”；“章”，一种礼帽。这里泛指穿着礼服。

（16）相：在祭祀、聚会时，行赞礼的人员，也叫傧相，有不同的职位等级，故文中有“小相”“大相”之说。

（17）希：通“稀”，即“稀疏（节奏速度放慢）”。

（18）铿（kēng 坑）尔：“铿”的一声，形容乐声有节奏而响亮；一说，曲终拨动琴弦的余音。

（19）作：站起身来。

（20）三子：三位。“子”是对同学的尊称。撰：同“譔”，陈述的事，说的话；一说才能，为政的才能。

（21）伤：妨害，妨碍。

（22）莫：同“暮”。

（23）春服：指春天穿的夹衣（里表两层）。既：已经。成：定，穿得住了。

（24）冠者：成年人。古代男子二十岁举行冠礼，束发加冠，表示已经成年。

（25）沂（yí 移）：水名，发源于山东省邹城市东北，经曲阜市南及江苏省北部，流入黄海，传说当时该处有温泉。

（26）风：作动词用，吹风，乘凉。舞雩（yú 鱼）：古代求雨的祭坛，因人们祈雨必舞，故称“舞雩”，这里指鲁国祭天求雨的台子，在今曲阜市南，有坛有树。北魏郦道元的《水经注》称：“沂水北对稷门，一名高门，一名雩门。南隔水有雩坛，坛高三丈，即曾点所浴风处也。”

（27）唯：语首助词，无实际意义。

**三至五章：孔子谦虚表示自己还没有完全具备自己崇尚的所有美德。**

**3.【章旨】 孔子以“修德”、“讲学”、“徙义”、“改进”四事自勉。**

【原文】 子曰：“德之不修，学之不讲，闻义不能徙(1)，不善不能改(2)，是吾忧也。”

——《述而》

【今译】 孔子说：“品德不去修养，学问不去讲习，明白了道义却不能做到，对缺点错误不能改正，这些都是我所忧虑的。”

【注释】

（1）义：这里指正义的、合乎道义情理的事。徙（xǐ 喜）：本义是迁移，这里指跟从，使自己的所作所为靠近道义，做到实践道义，走向道义。

（2）不善：不好，指缺点，错误。

**4.【章旨】 孔子自谦不能承当“圣”、“仁”之名，却有其实。**

【原文】 子曰：“若圣与仁，则吾岂敢！抑为之不厌[1]，诲人不倦，则可谓云尔已矣[2]。”公西华曰：“正唯弟子不能学也。” ——《述而》

【今译】 孔子说：“如果说到‘圣’与‘仁’，那我怎么敢当！［我］只不过［要朝着‘圣’与‘仁’的方向］努力而从不满足，教育别人从不感到疲倦，［对于我］尚且可以这样说吧。”公西华说：“这正是弟子学不到老师的地方。”

【注释】

（1）抑：转折语气词，然则，抑或，或许。

（2）云尔：这样，如此。

**5.【章旨】 孔子自谦未能达到君子成德的三种境界：仁者不忧，知者不惑，勇者不惧。**

【原文】 子曰：“君子道[1]者三，我无能焉：仁者不忧，知者不惑，勇者不惧[2]。”子贡曰：“夫子自道也！” ——《宪问》

【今译】 孔子说：“君子成德的境界有三种，我自问都没能做到。仁者不忧愁，智者不迷惑，勇者不畏惧。”子贡说：“［这正是］老师您的自我表述啊！”

【注释】

（1）道：当动词用，作“由”或“所由”讲，即践行、实行之意。“君子道者三”据杨伯峻评为“君子所行的三件事”，本章据意译。

（2）“仁者不忧，知者不惑，勇者不惧”：仁者凡事依理而行，心无愧疚，故不忧愁；智者能明察事理，故不疑惑；勇者坚毅果敢，故不畏惧。

**六至七章：孔子自述其所能之事。**

**6.【章旨】 孔子自述为学与教人的态度。**

【原文】 子曰：“默而识之[1]，学而不厌[2]，诲人不倦[3]，何有于我哉[4]？” ——《述而》

【今译】 孔子说：“默默地记住［所见所闻所学的知识］，学习永不满足，耐心地教导别人而不倦怠，［这三方面］我做到了哪些呢［这些对我来说又算得了什么呢］？”

【注释】

（1）识（zhì志）：牢记，记住；潜心思考，加以辨别，存之于心。

（2）厌：通"餍"，本义是饱食，引申为满足、厌烦。

（3）诲（huì会）：教诲，教导，诱导。

（4）"何有"句：即"于我何有哉"，这是孔子严格要求自己的谦虚之词，意思是说：以上那几方面，我做到了哪些（一说，还有什么困难或遗憾）呢？

**7.【章旨】 孔子认为自己对于忠诚、孝弟、丧葬、慎酒诸事，均能从容做到。**

【原文】 子曰："出[(1)]则事公卿，入[(2)]则事父兄，丧事不敢不勉[(3)]，不为酒困[(4)]，何有于我哉？"

——《子罕》

【今译】 孔子说："在朝做官，就以忠诚的态度侍奉长官；回到家里，就以孝弟之道侍奉父兄；有丧事，不敢不尽力按礼办理；不会因酒而乱性。这几方面我又做到了哪些呢？"

【注释】

（1）出：指出仕。

（2）入：入居家中。

（3）勉：尽力。

（4）困：乱的意思。

**八至十一章：孔子自述其性情与学养。**

**8.【章旨】 孔子表明安贫乐道的精神。**

【原文】 子曰："饭疏食[(1)]，饮水，曲肱而枕之[(2)]，乐亦在其中矣。不义而富且贵，于我如浮云[(3)]。

——《述而》

【今译】 孔子说："吃粗粮，喝冷水，弯起胳膊垫着当枕头，乐趣就在其中了。用不义的手段得到的富与贵，对于我来讲，［那些富贵］如同［天上的］浮云。"

【注释】

（1）饭：作动词用，"吃"的意思。蔬食：指粗粮，粗糙的饭食。

（2）肱（gōng工）：由肩到胳膊肘这一部位，一般也泛指胳膊。

（3）"不义……浮云"：把不合道义谋得的富贵，看作浮云一般，表明无所动于心，不刻意追求物质生活的享受，遨游在精神世界之中。

**9.【章旨】 孔子自述研究学问的乐趣。**

【原文】 叶公问孔子于子路[(1)]，子路不对[(2)]。子曰："女奚不曰[(3)]：其

为人也，发愤[4]忘食，乐以忘忧，不知老之将至云尔[5]。” ——《述而》

【今译】 叶公向子路问到孔子，子路没回答。孔子说：“你为什么不说：他的为人啊，发愤时，竟忘记吃饭；快乐时，便忘记忧愁；简直连衰老就会到来也不知道，如此而已。”

【注释】

（1）叶（shè 社）公：姓沈，名诸梁，字子高，楚国的大夫，他的封邑在叶城（今河南省叶县南三十里有古叶城），为叶尹，故称叶公。

（2）不对：不回答。“对”是应答之意。

（3）女：同“汝”，即“你”。奚：何，为什么。

（4）发愤：自觉不满足而奋力为之。

（5）云尔：如此而已，罢了。云：代词，“如此”的意思。尔：同“耳”，即“而已，罢了”。

**10.【章旨】 孔子说自己是“好古敏求”之人，借以勉励人虚心向学。**

【原文】 子曰：“我非生而知之者，好古，敏[1]以求之者也。”

——《述而》

【今译】 孔子说：“我不是生下来就是有知识的人，只不过是爱好古代文化，勤奋敏捷地去求得知识的人。”

【注释】

（1）敏：勤勉，敏捷，朝气蓬勃，雷厉风行。

**11.【章旨】 孔子慨叹世上没有人能了解自己，并告诉子贡，自己的学问境界在于“不怨不尤，下学上达”。**

【原文】 子曰：“莫我知也夫[1]！”子贡[2]曰：“何为其莫知子也[3]？”子曰：“不怨天，不尤人[4]。下学而上达，知我者其天乎！” ——《宪问》

【今译】 孔子说：“没有人了解我啊！”子贡说：“为什么会没有人了解您呢？”孔子说：“[我]不埋怨上天，不责备他人，下学人事，上达天命。如果要说能了解我的，大概只有天吧！”

【注释】

（1）莫我知：即“莫知我”的倒装，没有人知道我、了解我。也夫：夫，音 fú，表示感叹语气，这里“也夫”是句末语气词。

（2）子贡：姓端木，名赐，字子贡，卫国人，孔子的弟子，比孔子小三十一岁，生于公元前 520 年，卒年不详。

（3）何为：为何。

（4）怨：埋怨。尤：责怪，归咎，怨恨。此句意指：虽不被现实社会所重用，但并不埋怨上天；虽不被他人所了解，但并不责怪他人。

**十二至十五章：孔子表达自己用世的心愿。可见孔子志在修己以治人，虽有意于用世，但绝不违背道义。**

**12.【章旨】 孔子感叹其道未行，而人已衰老。**

【原文】 子曰："甚矣，吾衰也！久矣，吾不复梦见周公[1]。"

——《述而》

【今译】 孔子说："我很衰老了啊，好久好久啊我没有再梦见周公了。"

【注释】

（1）周公：姓姬，名旦，是周文王（姬昌）的儿子，周武王（姬发）的弟弟，周成王（姬诵）的叔叔，也是鲁国国君的始祖。传说周公是西周政治礼乐典章制度的制定者，他辅佐周成王，安天下，有德政，是孔子所崇尚的先圣先贤之一。

孔子从年轻时就欲行周公之道，但壮志未酬。这里表现了孔子对心有余而力不足、政治抱负已无可能实现的慨叹。

**13.【章旨】 孔子怀才德于身，期待明王礼遇重用。**

【原文】 子贡曰："有美玉于斯，韫椟而藏诸[1]？求善贾而沽诸[2]？"子曰："沽之哉！沽之哉！我待贾者也！" ——《子罕》

【今译】 子贡说："有一块美玉在这里，是把它放入柜子里收藏起来呢？还是找一个识货的商人卖掉它呢？"孔子说："卖它吧，卖它吧！我正在等着识货的商人哩！"

【注释】

（1）韫椟："韫（yùn 运）"，指收藏起来；"椟（dú 毒）"，即柜子。后以"韫椟"表示怀才不遇。诸："之乎"二字的合音。

（2）善贾：贾（jià价）通"价"。"善贾"指好价钱，比喻君王之礼遇。

**14.【章旨】 借隐者晨门之言，道出圣人视天下事无不可为之积极精神。**

【原文】 子路宿于石门[1]。晨门曰："奚自[2]？"子路曰："自孔氏。"曰："是知其不可而为之者与[3]？" ——《宪问》

【今译】 子路在石门住宿。早晨值班看守城门的人问："你从哪里来？"子路说："从孔氏那儿。"［守城门的人］说："是那个明知做不成而偏要坚持去做的人吗？”

【注释】

（1）石门：鲁国都城（曲阜）外城的城门。一说，曲阜共有七个城门，南边的第二个门就叫石门。孔子第二次周游列国，政治理想和抱负不能实现，在六十八岁时，结束了他十四年的游说生活，率弟子们回鲁国的老家。子路打前站，先到石门，已天晚，在城门外住了一宿。

（2）奚自：“自奚”的倒装，从哪里来。

（3）知其不可而为之者：明知做不到，却偏要去做的人。

**15.【章旨】 记孔子周游天下，为隐者所讥，而对隐者的消极悲观不以为然。**

【原文】 长沮、桀溺耦而耕[(1)]，孔子过之，使子路问津焉。长沮曰：“夫执舆者为谁[(2)]？”子路曰：“为孔丘。”曰：“是鲁孔丘与[(3)]？”曰：“是也。”曰：“是知津矣。”问于桀溺。桀溺曰：“子为谁？” 曰：“为仲由。”曰：“是鲁孔丘之徒与？”对曰：“然。”曰：“滔滔者天下皆是也，而谁以易之？且而与其从辟人之士也[(4)]，岂若从辟世之士哉[(5)]？”耰而不辍[(6)]。子路行以告。夫子怃然曰[(7)]：“鸟兽不可与同群，吾非斯人之徒与而谁与[(8)]？天下有道，丘不与易也[(9)]。”

——《微子》

【今译】 长沮、桀溺两人一起耕田，孔子经过那里，让子路去打听渡口。长沮说：“那驾车的人是谁？”子路说：“是孔丘。”［长沮］说；“是鲁国的孔丘吗？”［子路］说：“是的。”［长沮］说：“那他自己知道渡口［在哪里］。”子路再去问桀溺。桀溺说：“您是谁？”［子路］说：“是仲由。”［桀溺］说：“你是鲁国孔丘的徒弟吗？”［子路］说：“是的。”［桀溺］说：“［世上纷纷乱乱，礼坏乐崩，］如滔滔的大水弥漫，天下都是这样，你们和谁去改变这种现状呢？而且你与其跟随一个躲避别人的人，还不如跟随避开整个社会的人呢？”一边说一边不停地用耰翻土覆盖播下的种子。子路回来告诉［孔子］。孔子怅惘地叹息说：“［人］与鸟兽是不可同群的，我不同世人一起生活又同谁呢？假若天下有道，我孔丘就不参与变革［现实的活动］了。”

【注释】

（1）长沮、桀溺：“长”，个头高大；“沮（jù 句），沮洳，泥水润泽之处；“桀”，同“杰”，身材魁梧；“溺”，身浸水中。这是两位在泥水中从事劳动的隐者。长沮、桀溺，都是形容人的形象，不是真实姓名。耦（ǒu 藕）：二人合耕，各执一耜（sì 四），一左一右合耕。

（2）执舆者：驾车的人，此指孔子。本来是子路驾车的，因下车打听渡口，所以由孔子代为驾车，孔子便成了“执舆者”。

（3）与：同“欤”，意为“吗”。

（4）且：而且。而：同“尔”，即“你”。辟人之士：躲避别人的人，指孔子，孔子离开鲁国，到处奔波，躲避与自己志趣不合的人，不同他们合作，故如此称之。“辟”：同“避”。

（5）辟世之士：避开整个社会的隐士。

（6）耰（yōu 优）：古代农具，用来击碎土块和平整土地，这里指用耰翻土去覆盖种子。辍（chuò 绰）：停止，中止。

（7）怃（wǔ 午）然：怅惘失意的样子。朱注：惜其不喻己意。

（8）斯人之徒：指世上的人们，现实社会的那些从政者、统治者。

（9）与：相与，参与。易：变易，改革。

**十六至十九章：记述孔子日常生活的态度以及所体现的气质。**

**16.【章旨】 记孔子闲居时的安然、闲适。**

【原文】 子之燕居[(1)]，申申如也[(2)]，夭夭如也[(3)]。 ——《述而》

【今译】 孔子在家闲居，衣冠整齐，容貌舒展安详，脸色显出和悦轻松的样子。

【注释】

（1）燕居：“燕”，通“宴”，即“安逸，闲适”。“燕居”，是指独自闲暇无事的时候的安居、家居。

（2）申申：衣冠整齐、容貌舒展安详的样子。如也：像是……的样子。

（3）夭夭（yāo 腰）：脸色和悦愉快，斯文自在，轻松舒畅的样子。

**17.【章旨】 记孔子容貌、仪态祥和，庄重自然。**

【原文】 子温而厉[(1)]，威而不猛，恭而安。 ——《述而》

【今译】 孔子温厚而又严肃，有威严而不凶猛，恭谨而又安详。

【注释】

（1）厉：严肃。

**18.【章旨】 孔子具有“温”、“良”、“恭”、“俭”、“让”的美德，故得以了解政事。**

【原文】 子禽问于子贡曰[1]：“夫子至于是邦也[2]，必闻其政，求之与，抑与之与[3]？”子贡曰：“夫子温、良、恭、俭、让以得之。夫子之求之也，其诸异乎人之求之与[4]？” ——《学而》

【今译】 子禽问子贡：“我们老师每到一个诸侯国，必然听得到那一国的政事，是他自己求来的呢，还是别人主动告诉他的呢？”子贡说：“老师是靠温和、善良、恭敬、俭朴、谦让来取得的。[也可以说是求来的，但是,]老师求得的方法，大概与别人求得的方法不同吧？”

【注释】

(1)子禽：姓陈，名亢（kàng 抗），字子禽；一说，即原亢，陈国人，孔子的弟子（朱注：是子贡的弟子）。

(2)夫子：孔子的弟子敬称孔子。古代凡做过大夫官职的人，可称“夫子”（孔子曾任鲁国司寇）。邦：诸侯国。

(3)抑与之与：“抑”，连词，表示选择，意为“还是……”；“与之”，即“给他”；最后的“与”，同“欤”，语气词。

(4)其诸：或许，大概。

**19.【章旨】 记孔子所戒除之事。**

【原文】 子绝四：毋意[1]，毋必[2]，毋固[3]，毋我[4]。——《子罕》

【今译】 孔子杜绝了四种缺点：不凭空猜测臆想，不武断偏颇，不固执拘泥，不自以为是。

【注释】

(1)毋：“禁止”之意，同“勿”。意：通“臆”，猜测，猜想。

(2)必：必定，绝对化，武断。

(3)固：固执，拘泥。

(4)我：自以为是，唯我独尊。

**二十至二十二章：记孔子言行平实，并视场合的不同，分别表现适合的态度。**

**20.【章旨】 记孔子不谈论怪异、暴力、悖乱、鬼神之事。**

【原文】 子不语[1]怪、力、乱、神。 ——《述而》

【今译】 孔子不谈论怪异、暴力、悖乱、鬼神［一类的事］。

【注释】

（1）语：谈论。

**21.【章旨】 记孔子不谈鬼神、死后等无益之事。**

【原文】 季路问事鬼神。子曰："未能事人，焉能事鬼？"曰："敢问死(1)。"曰："未知生，焉知死？" ——《先进》

【今译】 子路问怎样侍奉鬼神。孔子说："没能把人侍奉好，哪能谈侍奉鬼呢？"［子路又］说："我大胆地请问，死是怎么回事？"［孔子］说："还不知道人生的道理，怎能知道死呢？"

【注释】

（1）敢问：意为"请问"。

**22.【章旨】 记孔子在乡党、宗庙朝廷所展现的不同气质和言论。**

【原文】 孔子于乡党(1)，恂恂如也(2)，似不能言者。其在宗庙朝廷，便便言(3)，唯谨尔。 ——《乡党》

【今译】 孔子在家乡，表现得信实谦卑、温和恭顺，似乎是不善于讲话的人。［但是］在宗庙祭祀和朝廷会见君臣的场合，他非常善于言谈，辩论，只是比较谨慎罢了。

【注释】

（1）乡党：指在家乡本地。在古代，一万二千五百户为一乡，五百户为一党。

（2）恂恂（xún 寻）：信实谦卑，温和恭顺，而又郑重谨慎的样子。

（3）便便（pián 骈）：擅长谈论，善辩。

**二十三至二十四章：记孔子与人相处，态度亲切自然，且经常流露其恻隐之心。**

**23.【章旨】 记孔子乐于取人之长，与人相处，态度亲切。**

【原文】 子与人歌而善，必使反之(1)，而后和之(2)。 ——《述而》

【今译】 孔子同别人一起唱歌，［如果］别人唱得好，就一定让他再唱一遍，然后自己跟着［他的音调］唱和。

【注释】

（1）反：反复，再一次。

（2）和（hè 贺）：跟随着唱，应和，唱和。

**24.【章旨】 记孔子吊丧、尽哀时的真情实意。**

【原文】 子食于有丧者之侧[(1)]，未尝饱也。子于是日哭[(2)]，则不歌。

——《述而》

【今译】 孔子在有丧事的人旁边吃饭，未曾吃饱过。孔子在那一天吊丧哭泣过，就不再唱歌了。

【注释】

（1）有丧者：有丧事的人，指刚刚死去亲属的人家。孔子在有丧事的人面前，因同情失去亲人的人，食欲不振，吃饭无味，故云“未尝饱也”。

（2）哭：指给别人吊丧时哭泣。一日之内，由于心里悲痛，就不会再唱歌了。

**二十五至二十六章：记孔子不仅对人有恻隐之心，而且及于禽兽，然而亦有先后主次，由爱民进而爱物，充分显现了其蔼然仁者的胸怀。**

**25.【章旨】 记孔子重人贱畜。**

【原文】 厩焚[(1)]。子退朝，曰：“伤人乎？”不问马。——《乡党》

【今译】 马棚失火焚毁了。孔子从朝廷回来，问：“伤人了吗？”却不问马。

【注释】

（1）厩（jiù 旧）：马棚，马房，后也泛指牲口房。

**26.【章旨】 记孔子取物有节，体现了仁者的心胸。**

【原文】 子钓而不纲[(1)]，弋不射宿[(2)]。 ——《述而》

【今译】 孔子钓鱼，只用［有一个鱼钩的］钓竿，而不用纲；只射飞出的鸟，不射宿窝的鸟。

【注释】

（1）纲：本意是提网的大绳，这里指在河流的水面上横着拉一根大绳，上面系有许多鱼钩以钓鱼。

（2）弋（yì 义）：用带绳的箭来射鸟，叫“弋”，这种箭的箭尾上所系的绳，叫“缴（zhuó 浊）”，是用生丝做成的，又细又韧，箭发射出去以后，还能靠绳收回再连续用。宿：指归巢宿窝的鸟。

**二十七至二十八章：记述两位孔门弟子对孔子的赞颂之语。孔子人格的崇高伟大，由此益发可见。**

**27.【章旨】 颜渊赞叹孔子之道博大高深，及孔子善于诱导别人。**

【原文】 颜渊喟然叹曰(1)：“仰之弥高(2)，钻之弥坚(3)；瞻之在前(4)，忽焉在后。夫子循循然善诱人(5)，博我以文，约我以礼，欲罢不能。既竭吾才，如有所立卓尔(6)。虽欲从之，末由也已(7)。” ——《子罕》

【今译】 颜渊感叹地说：“［老师的道德品格和学识，］抬头仰望，越望越觉得高；努力去钻研，越钻研越觉得艰深；看着好像在前面，忽然又像是在后面。老师善于一步一步地诱导人，用文化典籍来丰富我的知识，用礼节来约束我的行动，使我想停止前进也不可能，直到竭尽了我的才力［也不能停止学习］。总好像有一个非常高大的东西立在前面，虽然很想要攀登上去，却没有路径。”

【注释】

（1）喟（kuì 溃）：叹气，叹息。

（2）弥：更加，越发。

（3）钻：深入钻研。坚：本意是坚硬，坚固，这里引申为深奥，艰深。

（4）瞻（zhān 沾）：看，视。

（5）循循然：一步一步有次序地。诱：引导，诱导。

（6）卓尔：高大直立的样子。

（7）末由：指不知从什么地方，不知怎么办，没有办法去达到。末：没有，无。由：途径。

**28.【章旨】 子贡赞美孔子之德，有如日月，以斥责毁者之不自量。**

【原文】 叔孙武叔毁仲尼(1)。子贡曰：“无以为也(2)！仲尼不可毁也。他人之贤者，丘陵也，犹可逾也；仲尼，日月也，无得而逾焉。人虽欲自绝(3)，其何伤于日月乎？多见其不知量也(4)。” ——《子张》

【今译】 叔孙武叔诽谤仲尼。子贡说：“不要这样做啊！仲尼是毁谤不了的。别的贤人，如丘陵，还可以越过去；仲尼，如日月，是无法越过的。有人虽然想要自绝［于日月］，对日月有什么损伤呢？只是看出这种人不自量力啊。”

【注释】

（1）叔孙武叔：姓叔孙，名州仇（qiú），鲁大夫，武为谥号。

（2）无以为：“无”，通“毋”，禁止之词。“无以为”：不要如此毁谤。

（3）自绝：自行断绝跟对方之间的关系。

（4）多：只是，徒然，恰好是。不知量：不知道自己的分量，不知高低轻重，不自量。

## 成语集锦

**1. 伐善施劳**：夸耀自己的才能，张扬自己的功劳。

**2. 一日之长**：年纪较人稍长。

**3. 夫子自道**：本想说别人，却正说了自己。

**4. 发愤忘食**：勤奋好学，连饭都忘了吃。

**5. 怨天尤人**：埋怨上天，责怪他人。

**6. 申申夭夭**：舒适自得，温和愉快。

**7. 仰之弥高**：愈仰望愈觉得高不可攀。

**8. 恂恂如也**：信实的样子。

**9. 循循善诱**：循序渐进、善于诱导。

**10. 欲罢不能**：想停止却不能停止。

**11. 便便言之**：明辨的样子。

**12. 下学上达**：下学人事，上达天理。

**13. 待价而沽**：等待有人肯出好价钱再卖，比喻等待君王之礼遇。

**14. 威而不猛**：有威仪，但不凶猛。

**15. 怪力乱神**：泛指一切不合教化而且怪异的事情。

**16. 韫椟而藏**：收藏于柜中，比喻怀才不遇。

**17. 安贫乐道**：安于贫穷的生活，乐于学道、行道。

## 要句精析

**1. 莫春者，春服既成，冠者五六人，童子六七人，浴乎沂，风乎舞雩，**

**咏而归。**

句旨："大人者无失其赤子之心"。从容体道，胸襟旷达，有与万物同流之意。

**2. 不义而富且贵，于我如浮云。**

句旨：孔子自述安贫乐道。

**3. 久矣吾不复梦见周公。**

句旨：孔子自叹理想和抱负没有实现，而年事已高。

**4. 子贡曰："有美玉于斯，韫椟而藏诸？求善贾而沽诸？"**

句旨：子贡此语，意在劝孔子走上仕途。

**5. 孔子曰："沽之哉！沽之哉！我待贾者也！"**

句旨：意指孔子怀才于身，等待明王任用。

**6. 晨门曰："是知其不可而为之者与？"**

句旨：指孔子积极待世，视天下之事无不可为。

**7. 鸟兽不可与同群，吾非斯人之徒与而谁与？天下有道，丘不与易也。**

句旨：表明孔子想使天下有道的用心。

**8. 子之燕居，申申如也，夭夭如也。**

句旨：指孔子退朝而居，精神面貌舒适愉快。

**9. 子钓而不纲，弋不射宿。**

句旨：表明孔子心存仁爱之心，取物有节。

**10. 仰之弥高，钻之弥坚；瞻之在前，忽焉在后。**

句旨：颜渊赞叹夫子学识博大精深。

# 二、论 学

（选二十六章）

**一至二章：孔子论述学习的重要性，可见人虽具有一定的学问和美德，仍须经常学习，方能成就完美德性。**

**1. 【章旨】 孔子论述自己好学，并以此勉励他人。**

【原文】 子曰："十室之邑(1)，必有忠信如丘者焉，不如丘之好学也。"

——《公冶长》

【今译】 孔子说："就是十户人家的小村邑里，也一定有如同我这样讲究忠信的人，［只是］不如我这样爱好学习啊。"

【注释】

（1）十室：十户人家。在古时，九夫为井，四井为邑，一邑共有三十二户人家。"十室之邑"，是指尚且不满三十二家的小村邑。

**2. 【章旨】 孔子勉励子路好学以成德。**

【原文】 子曰："由也，女闻六言六蔽矣乎(1)？"对曰："未也。""居(2)！吾语女。好仁不好学，其蔽也愚；好知不好学(3)，其蔽也荡(4)；好信不好学，其蔽也贼(5)；好直不好学，其蔽也绞(6)；好勇不好学，其蔽也乱(7)；好刚不好学，其蔽也狂(8)。"

——《阳货》

【今译】 孔子说："仲由，你听说过六个字［的德行］，会有六种弊病吗？"［子路起身］回答："没有。"孔子说："坐下！我告诉你。心存仁德却不好学习，其弊病是愚蠢；天性聪明却不好学习，其弊病是放荡；心地诚实却不好学习，其弊病是伤害自己和亲人；性格直率却不好学习，其弊病是说话尖刻刺人；性格勇敢却不好学习，其弊病是容易出乱子闯祸；性格刚强却不好学习，其弊病是狂妄。"

【注释】

(1)女：同“汝”，“你”的意思。六言：六个字，即文中的“仁”、“知”、“信”、“直”、“勇”、“刚”六个德行。蔽：通“弊”，弊病，害处。

(2)居：坐。子路起立回答，孔子命其坐下。

(3)知：同“智”。

(4)荡：放荡不羁，不知节制。

(5)贼：害，伤害，这里指容易给自己和亲人带来伤害。

(6)绞：说话尖酸刻薄，不通情理。

(7)乱：作乱闯祸。

(8)狂：狂妄。

**三至五章：孔子自述为学的经过、心得，并深切感受到其中的愉悦和快乐。**

**3.【章旨】 孔子自述为学的历程与境界。**

【原文】 子曰：“吾十有五而志于学(1)，三十而立，四十而不惑，五十而知天命(2)，六十而耳顺，七十而从心所欲，不逾矩。” ——《为政》

【今译】 孔子说：“我十五岁时开始立志学习；三十岁时能自立于世；四十岁时遇事就不迷惑；五十岁时懂得了什么是天命；六十岁时能听得进不同的意见；到了七十岁时才能达到随心所欲，想怎么做便怎么做，也不会超出规矩。

【注释】

(1)有：同“又”，表示相加。“十有五”，即十加五，十五岁。

(2)天命：这里“天命”含有上天的意旨、自然的禀赋与天性、人生的道义和职责等多重含义。

**4.【章旨】 孔子论述为学的方法、乐趣及态度。**

【原文】 子曰(1)：“学而时习之，不亦说乎(2)！有朋自远方来，不亦乐乎！人不知而不愠(3)，不亦君子乎！” ——《学而》

【今译】 孔子说：“学习了而时常温习，不也高兴吗！有朋友从远方来，不也快乐吗！别人不了解我，我并不怨恨，不也是君子吗！”

【注释】

(1)子：在古代，对有地位、有学问、有道德修养的人，尊称为“子”，这里是尊称孔子。

（2）说（yuè 月）：同“悦”，高兴，喜悦。

（3）愠（yùn 运）：怨恨，恼怒。

**5.【章旨】 孔子论述学问的历程，即“知”、“好”、“乐”三层修习工夫，一层比一层进步。**

【原文】 子曰：“知之者不如好之者[1]，好之者不如乐之者。”

——《雍也》

【今译】 孔子说：“［对任何事业，］知道它的人，不如爱好它的人；爱好它的人，不如以实行它为快乐的人。”

【注释】

（1）好（hào 号）：喜爱。

**六至八章：孔子及弟子论述学习的内容其实包括德行与知识，重点在于德行。**

**6.【章旨】 孔子教弟子先学做人，以德为本，其次才学问，以求书本上的知识。**

【原文】 子曰：“弟子，入则孝，出则弟[1]，谨而信，泛爱众而亲仁，行有馀力，则以学文。”

——《学而》

【今译】 孔子说：“孩子们，在家要孝顺父母，出门要尊敬兄长，做人言行要谨慎讲信用，广泛地与众人友爱，亲近有仁德的人。这样做了还有馀力，就要用来学习各种文化知识。

【注释】

（1）出：外出，出门；一说，离开自己住的房屋。弟：同“悌”，尊敬兄长。

**7.【章旨】 孔子教人为学，必须做到“不追求物质享受”、“敏事慎言”、“就正有道”三个方面。**

【原文】 子曰：“君子食无求饱，居无求安，敏于事而慎于言，就有道而正焉[1]，可谓好学也已。”

——《学而》

【今译】 孔子说：“君子吃饭不追求饱足，居住不追求享受安逸，做事勤快敏捷，说话小心谨慎，向有道德的人看齐，时时改正自己的缺点错误，［这样做］就可以说是一个好学的人了。

【注释】

（1）就：靠近，接近。

**8.【章旨】 子夏论述为学重在实践人伦之道。**

【原文】 子夏曰[1]：“贤贤易色[2]；事父母，能竭其力；事君，能致其身[3]；与朋友交，言而有信。虽曰未学，吾必谓之学矣。” ——《学而》

【今译】 子夏说：“尊重有贤德的人，而看轻貌美的女色；事奉父母，能尽力而为；为君主做事，能有献身精神；和朋友交往，说话诚实能讲信用。这样的人即使是说没学习过什么，我也一定要说他学习过了。”

【注释】

（1）子夏：姓卜，名商，字子夏，孔子的弟子，晚年曾设教于西河之上，为魏文侯师，比孔子小四十四岁，生于公元前507年，卒年不详。

（2）贤贤：第一个“贤”作动词用，表示敬重，尊崇；第二个“贤”是名词，即“圣贤”的“贤”，指有道德、有学问的高尚之人。易：轻视，不看重；一说，“易”释为“移”，移好色之心而好贤德。

（3）致：作出奉献。

**九至十三章：孔子及弟子论述为学应及时努力。**

**9.【章旨】 孔子以河水川流不息来说明道体运行不息，勉励人惜时进学。**

【原文】 子在川上曰：“逝者如斯夫[1]，不舍昼夜[2]。” ——《子罕》

【今译】 孔子在河边说：“消逝的时光就像这河水一样啊！日日夜夜不停地流去。

【注释】

（1）逝者：指逝去的岁月、时光。斯：这，这里指河水。夫（fú 扶）：语气助词。

（2）舍：止，停留。

**10.【章旨】 孔子勉励人努力求学，不可稍有懈怠。**

【原文】 子曰：“学如不及，犹恐失之。” ——《泰伯》

【今译】 孔子说：“学习就像追赶［什么］而追不上那样，［追上了］还恐怕再失去它。”

**11.【章旨】 孔子论述人如果能温故知新，即具有为师资格。**

【原文】 子曰：“温故而知新[1]，可以为师矣。” ——《为政》

【今译】 孔子说：“时时温习已经学习过的知识，由此就能获取新的更深的知识，这样就可以成为老师了。”

【注释】

（1）故：旧的，原先的。

**12.【章旨】 子夏论述知新温故，可谓好学。**

【原文】 子夏曰：“日知其所亡[1]，月无忘其所能，可谓好学也已矣。” ——《子张》

【今译】 子夏说：“每天知道一些过去所不知的，每月不忘记已经掌握的，［这样］可以称为好学的人了。”

【注释】

（1）亡：同“无”，这里指自己没具备的知识、技能，所不懂的道理等。

**13.【章旨】 孔子勉励年轻人应及时进取，前途当不可限量；若蹉跎岁月，则将老大无成。**

【原文】 子曰：“后生可畏[1]，焉知来者之不如今也[2]？四十、五十而无闻[3]焉，斯亦不足畏也已。” ——《子罕》

【今译】 孔子说：“年轻人是值得敬畏的，怎么知道将来的人们不如现在的人们呢？但如果到了四十岁、五十岁还默默无闻，那也就不值得敬畏了。”

【注释】

（1）后生可畏：后生，年少后进之人。畏：敬畏。此句是说年轻人年富力强，前途不可限量，值得敬畏。

（2）焉知……：焉，是疑问副词，同“安”、“何”、“岂”。来者：指晚辈未来的成就。不如今：比不上今日的我。

（3）闻：知名，这里也指成就。

**十四至十六章：孔子论述为学当持之以恒，不可半途而废。**

**14.【章旨】 孔子勉励人进德修业，应当努力完成，不可半途而废；停止或前进，责任在自己而不在别人。**

【原文】 子曰：“譬如为山，未成一篑[1]，止，吾止也[2]。譬如平地[3]，虽覆一篑[4]，进，吾往也[5]。” ——《子罕》

【今译】 孔子说："比如用土来堆一座山，只差一筐土便能堆成，可是停止了，那是我自己停止的。比如在平地上［堆土成山］，虽然才倒下一筐土，可是前进［继续堆土］，那是我自己坚持往前的。"

【注释】

（1）未成一篑："篑（kuì 溃）"，是指装土用的竹筐子。这句话的意思是，因尚缺一笼土，而未能堆成一座山。

（2）吾止也：是我自己停下来的。

（3）平地：填平洼地。

（4）覆：底朝上翻过来倾倒。

（5）往：前进。

**15.【章旨】 孔子勉励人为学，当不断进取，以期有成；不可始勤终懈，致前功尽弃。**

【原文】 子曰："苗而不秀者有矣夫！秀而不实者有矣夫[1]！"

——《子罕》

【今译】 孔子说："［种庄稼］只是出苗而不秀穗的是有的吧！只秀穗却不灌浆不结果实的也是有的吧！"

【注释】

（1）据《论语注疏》，此章是孔子惋惜颜渊早逝而作。实：结实成谷。

**16.【章旨】 孔子批评冉求自限不前。**

【原文】 冉求曰："非不说子之道[1]，力不足也。"子曰："力不足者，中道而废。今女画[2]。"

——《雍也》

【今译】 冉求［对孔子］说："我并非不喜欢您的道理，而是我的力量不够。"孔子说："力量不够的话，是走到中途［力量用尽不得已］才废弃而停止，但现在你是给自己画了一条截止的界线。"

【注释】

（1）说：同"悦"，意为"喜欢，爱慕"。

（2）女：同"汝"，意为"你"。画：画线为界。

**十七至十八章：孔子论述为学宜学思并重，不能偏废。**

**17.【章旨】 孔子论学与思必须并重，不可偏废。**

【原文】 子曰："学而不思则罔[1]，思而不学则殆[2]。" ——《为政》

【今译】 孔子说："学习了而不深入思考，就会迷惑；［但］只是去空想而不去学习，那就危险了。”

【注释】

（1）思：思考，思维。罔（wǎng网）：同“惘”，迷惑，昏而无得；一说，欺罔，蒙蔽，受骗；另说，“罔”，即无，无所得。

（2）殆（dài代）：危险；一说，没有信心。

**18.【章旨】 孔子自述经验，指出思而不学的无益。**

【原文】 子曰：“吾尝终日不食，终夜不寝，以[(1)]思，无益，不如学也。”

——《卫灵公》

【今译】 孔子说：“我曾经整天的不吃饭，整夜的不睡觉，去冥思苦想，[结果]没有什么益处，还不如去学习呢。”

【注释】

（1）以：而。

**十九至二十一章：论述为学须掌握大纲领，依其程序，得其条理。**

**19.【章旨】 孔子论述为学之全功，在于志道、据德、依仁、游艺。**

【原文】 子曰：“志于道[(1)]，据于德[(2)]，依于仁，游于艺[(3)]。”

——《述而》

【今译】 孔子说：“以道为志向，以德为根据，以仁为凭借，以六艺为活动范围。”

【注释】

（1）志于道：立志追求正道。

（2）据于德：执守学道所得之德。

（3）游：这里有玩习、熟悉的意思。艺：六艺，指礼（礼节）、乐（音乐）、射（射箭）、御（驾车）、书（写字）、数（算术）。孔子用这六个方面的知识技艺来培养教授学生。

**20.【章旨】 孔子论述君子若能博文约礼，则不违道。**

【原文】 子曰：“君子博学于文，约之以礼，亦可以弗畔矣夫[(1)]！”

——《雍也》

【今译】 孔子说：“君子广泛地多学文化典籍，用礼来约束自己，就可以不违背[君子之道]了吧！”

【注释】

（1）畔：同“叛”，背离，背叛。夫（fú扶）：语气助词，吧。

**21.【章旨】 孔子告诉子贡，自己对学问是“一以贯之”。**

【原文】 子曰：“赐也[1]，女以予为多学而识之者与[2]？”对曰：“然。非与？”曰：“非也，予一以贯之[3]。” ——《卫灵公》

【今译】 孔子说：“端木赐呀，你以为我是学习了很多而又一一记住了吗？”［端木赐］回答说：“是的。不是这样吗？”［孔子］说：“不是的，我是用一个基本的思想观念来贯穿它们的。”

【注释】

（1）赐：端木赐，字子贡。

（2）女：同“汝”，“你”的意思。

（3）以：用。一：一个基本的原则、思想。孔子这里指的是“忠恕”之道。贯：贯穿，贯通。

**二十二至二十四章：孔子论述为学尤应“虚心诚恳，择善而从”。**

**22.【章旨】 孔子以真知之理教子路。**

【原文】 子曰：“由[1]，诲女[2]，知之乎？知之为知之，不知为不知，是知也[3]。” ——《为政》

【今译】 孔子说：“仲由，我教导你的［知识］，知道了吗？知道就是知道，不知道就是不知道，这种态度才是明智的。”

【注释】

（1）由：姓仲，名由，字子路，又字季路。鲁国卞（今山东省平邑县东北）人。是孔子早年的弟子，长期跟随孔子，是忠实的警卫，曾做季康子的家臣，后死于卫国内乱，生于公元前542年，卒于公元前480年，比孔子小九岁。

（2）诲（huì会）：教导，教育，诱导。女：同“汝”，“你”的意思。

（3）知：前五个“知”字，是知道，了解，懂得；最后“是知也”的“知”，同“智”，意为“明智，聪明，真知”。之：代词，指孔子所讲授的知识、学问。

**23.【章旨】 孔子论述：学无常师，人若能见贤思齐，见不贤而内自省，迁善改过，则随时随地均可力求上进。**

【原文】 子曰：“三人行，必有我师焉。择其善者而从之，其不善者而改之。” ——《述而》

【今译】 孔子说：“［如果］三个人在一起走，其中必定有可以作为老师的人。选择他的优点长处，而跟从［学习］；看到有什么不好的地方，就［反省自己］加以改正。”

**24.【章旨】 孔子自述不妄作，而其求知方法在于多闻多见以择其善者。**

【原文】 子曰："盖有不知而作之者，我无是也。多闻，择其善者而从之；多见，而识之[(1)]，知之次也[(2)]。" ——《述而》

【今译】 孔子说："可能有什么都不懂却在凭空妄作的人，可我不是这样。多听，选择其中好的跟着学习；多看，记在心里。这样［学而知之］，在知识上，［比"生而知之"的人］是仅次一等的。"

【注释】

（1）识（zhì 志）：记住。

（2）知之次也：即"学而知之者，次也"的意思。"次"，即次一等。孔子主张"生而知之者，上也；学而知之者，次也。"参阅《季氏篇第十六》第九章。

**二十五至二十六章：孔子勉励人坚定心志，努力向学。**

**25.【章旨】 孔子告诫人立志的重要。**

【原文】 子曰："三军可夺帅也[(1)]，匹夫不可夺志也[(2)]。"——《子罕》

【今译】 孔子说："三军可以丧失它的主帅，一个人却不可以丧失他的志向。"

【注释】

（1）三军：古制，一万二千五百人为一军。周朝，一个大诸侯国可拥有三军（三万七千五百人）。

（2）匹夫：普通的人，男子汉。

**26.【章旨】 孔子以学与不学判断人的水平，勉励人学习。**

【原文】 孔子曰："生而知之者，上也；学而知之者，次也；困而学之，又其次也；困而不学，民斯为下矣。" ——《季氏》

【今译】 孔子说："生来就有知识，是上等；经过学习而有知识是次一等；遇到困难然后学习，是再次一等；遇到困难还不学习，这样的百姓就是下等了。"

## 成 语 集 锦

**1. 从心所欲：**顺着心意行事。

2. **贤贤易色**：用尊敬贤人的心来代替爱好美色的心。
3. **逝者如斯**：光阴消逝，如同水之奔流，无一刻停止。
4. **不舍昼夜**：河水昼夜不停地流着。
5. **温故知新**：温习从前学的学问，同时追求新的知识。
6. **后生可畏**：年轻人前途无量，最可敬畏。
7. **未成一篑**：只差一笼土而未堆成一座山。比喻功败垂成。
8. **中道而废**：半途而废。
9. **秀而不实**：开花而不结果实。
10. **博文约礼**：广博地学习文章典籍，并以礼约束自己的行为。
11. **一以贯之**：用一个基本的大道理，贯通所有的事理。
12. **画地自限**：划定界限，停滞不前。

## 要句精析

1. **知之者不如好之者，好之者不如乐之者。**
   句旨：孔子说明学问之历程。
2. **逝者如斯夫！不舍昼夜。**
   句旨：勉励人惜时进学。
3. **学如不及，犹恐失之。**
   句旨：求学问好像追逐什么，生怕赶不上似的，得到了还怕丢掉它。
4. **后生可畏，焉知来者之不如今也？四十、五十而无闻焉，斯亦不足畏也已。**
   句旨：孔子勉励青年人在少壮时要及时努力上进。
5. **譬如为山，未成一篑；止，吾止也！譬如平地，虽覆一篑，进，吾往也。**
   句旨：孔子勉励人为学应当有恒心。
6. **苗而不秀者，有矣夫！秀而不实者，有矣夫！**
   句旨：始勤终懈，则前功尽弃。
7. **子曰："力不足者，中道而废；今女画。"**
   句旨：孔子责备冉求自限不前。
8. **三军可夺帅也，匹夫不可夺志也。**
   句旨：孔子说明立志的重要。

# 三、论 仁

（选二十章）

**一至七章：孔子论述“仁”，“仁”为孔子思想之核心，故《论语》中记述颇多。**

**1.【章旨】 孔子告诫人不要刻意讨好别人，否则即有损仁德。**

【原文】 子曰：“巧言令色[(1)]，鲜仁矣。” ——《学而》

【今译】 孔子说：“花言巧语，一副和气善良的脸色，这种人是很少有仁德的。”

【注释】

（1）巧言：说好听的话来谄媚讨好人。巧：好。令：善。令色：装出和善的脸色来奉承讨好别人。

**2.【章旨】 孔子教人应选择风俗仁厚之乡为住所。**

【原文】 子曰：“里仁为美[(1)]。择不处仁[(2)]，焉得知[(3)]？” ——《里仁》

【今译】 孔子说：“居住在有仁德的地方才是美好的。如果不选择有仁德的住处，哪能算得上是明智呢？”

【注释】

（1）里：即邻里，按周制，五家为邻，五邻（二十五家）为里，这里用作动词，“居住”的意思。仁：讲仁德而又风俗淳厚的地方；一说，有仁德的人。本句的意思是：与有仁德的人居住在一起，为邻里。

（2）处：居住，在一起相处。

（3）焉：怎么，哪里，哪能。知：通“智”。焉得知：谈不上明智。

**3.【章旨】 孔子说仁者不因环境而失其本性，易其操守。**

【原文】 子曰：“不仁者不可以久处约[(1)]，不可以长处乐[(2)]。仁者安仁，

知者利仁[3]。” ——《里仁》

【今译】 孔子说：“没有仁德的人，不能长久过穷困生活，也不能长久过安乐生活。有仁德的人才能安心于实行仁德，有智慧的人才能善于利用仁德。”

【注释】

（1）约：贫困，俭约。

（2）乐：安乐，富裕。

（3）知：同“智”。安仁：安心，安之若素，无所勉强，很自然地依仁道而行。利仁：知道仁道可以利人利己而行仁。

**4.【章旨】 孔子说仁者无私心，对人之好恶皆出于理智。**

【原文】 子曰：“唯仁者能好人[1]，能恶人[2]。” ——《里仁》

【今译】 孔子说：“只有有仁德的人，才能［公正得当的］喜爱应当喜爱的人，厌恶应当厌恶的人。

【注释】

（1）唯：独，仅，只。好（hào号）：喜爱，喜欢。

（2）恶（wù务）：厌恶，讨厌。能好人能恶人：能公正无私地喜好所应当喜好的人，厌恶所应当厌恶的人。

**5.【章旨】 孔子勉励人应当立志向仁，如果能够做到，则不至为恶。**

【原文】 子曰：“苟志于仁矣[1]，无恶也[2]。” ——《里仁》

【今译】 孔子说：“［一个人］如果立志去实行仁德，那就不会去做坏事了。”

【注释】

（1）苟：假如，如果。志：立志。

（2）恶：坏，坏事。

**6.【章旨】 孔子论述“刚”、“毅”、“木”、“讷”四者近于仁道。**

【原文】 子曰：“刚、毅、木、讷[1]，近仁。” ——《子路》

【今译】 孔子说：“用心公正无私，行事果敢坚忍，性情质朴无华，言语谨慎似迟钝，［具有这四种品德的人］，就很接近于仁道了。

【注释】

（1）刚：公正无私欲。毅：果敢坚忍。木：质朴，朴实，憨厚老实。讷（nè）：说话迟钝，引申为言语非常谨慎，不肯轻易说话。

7.【章旨】 **孔子说志士、仁人视仁德重于生命。**

【原文】 子曰："志士仁人，无求生以害仁[(1)]，有杀身以成仁[(2)]。"

——《卫灵公》

【今译】 孔子说："有志之士，仁义之人，不能为求得保住生命而损害仁，而应为做到仁献出生命。

【注释】

（1）求生：贪生怕死，为保活命苟且偷生。

（2）杀身：勇于自我牺牲，为仁义当死而死，心安理得。

**八至十五章：记录孔门师生谈论为仁之方。**

8.【章旨】 **孔子教导颜渊实践仁德在于"克己复礼"，即"视"、"听"、"言"、"动"皆应合乎礼仪。**

【原文】 颜渊问仁[(1)]。子曰："克己复礼为仁[(2)]。一日克己复礼，天下归仁焉[(3)]。为仁由己，而由人乎哉？"颜渊曰："请问其目[(4)]。"子曰："非礼勿视，非礼勿听，非礼勿言，非礼勿动。"颜渊曰："回虽不敏，请事斯语矣[(5)]。"

——《颜渊》

【今译】 颜渊问［什么是］仁。孔子说："克制自己，使言行回复和符合于'礼'，就是仁。有一天做到了克制自己，符合于礼，天下就都赞许你是仁人了。实行仁，在于自己，难道还在于别人吗？"颜渊说："请问实行仁的纲领条目。"孔子说："不符合礼的不看，不符合礼的不听，不符合礼的不说，不符合礼的不做。"颜渊说："我虽然不聪敏，请让我按照您说的话去做吧。"

【注释】

（1）仁：儒家学说中含义非常广泛的一种道德观念，包括"恭"、"宽"、"信"、"敏"、"惠"、"智"、"勇"、"忠"、"恕"、"孝"、"悌"等内容，而核心是指人与人之间相亲相爱。"己所不欲，勿施于人""己欲立而立人，己欲达而达人"则是实行"仁"的主要方法。

（2）克己复礼："克"，克制，约束，抑制。"己"，自己，这里指一己私欲。"复"，回复。"礼"，人类社会行为的法则、标准、仪式的总称，包括社会生活中由于风俗习惯而长期形成又为大家所共同遵守的一整套礼节仪式，以及人们相互之间表示尊重谦让的言语或动作，也包括社会上通行的法纪、道德和礼貌。据《左传·昭公十二年》记载："仲尼曰：'古也有志：克己复礼，仁也。'"可见"克己复礼"是孔子以前就有的古语，儒家用之作为一种自我修养的方法。

（3）归仁：朱熹说："归，犹与也。""一日克己复礼，则天下之人皆与其仁，极言其效之甚速而至大也。""与"：赞许，称赞。"归"：归顺。这句话的意思是："有一天做到了克制自己，符合于礼，天下就归顺于仁人了。"

（4）目：纲目，条目，具体要点。

（5）事：从事，实行，实践。

**9.【章旨】 孔子教仲弓实践仁德在于"主敬行恕"。**

【原文】 仲弓问仁[1]。子曰："出门如见大宾，使民如承大祭；己所不欲，勿施于人；在邦无怨，在家无怨。"仲弓曰："雍虽不敏，请事斯语矣。"

——《颜渊》

【今译】 仲弓问［怎样是］仁。孔子说："出门［工作、办事］如同去接待贵宾，使用差遣人民如同去承当重大的祭祀。自己不愿意承受的，不要施加给别人。为国家办事没有怨恨，处理家事没有怨恨。"仲弓说："我虽然不聪敏，请让我按照您的话去做吧。"

【注释】

（1）仲弓：冉雍，字仲弓，鲁国人，生于公元前 522 年，卒年不详，孔子的弟子。

**10.【章旨】 孔子教司马牛实践仁德在于出言谨慎。**

【原文】 司马牛问仁[1]。子曰："仁者，其言也讱[2]。"曰："其言也讱，斯谓之仁已乎？"子曰："为之难，言之得无讱乎？" ——《颜渊》

【今译】 司马牛问［怎样是］仁。孔子说："仁人，说话慎重。"［司马牛］说："说话慎重，就称作仁吗？"孔子回答说："［凡事］做起来都是困难的，说话能不慎重吗？"

【注释】

（1）司马牛：孔子的弟子，姓司马，名耕，又名犁，字子牛，宋国人，相传是宋国大夫桓魋（tuí 颓）的弟弟。

（2）讱（rèn 认）：言语迟钝，话难说出口，这里引申为说话十分慎重，不易开口。《史记·仲尼弟子列传》说司马牛"多言而躁"（饶舌话多，个性急躁），由此可见，孔子这一段话是针对司马牛"多言而躁"的毛病所提出的告诫。

**11.【章旨】 孔子教樊迟实践仁德在于“恭以处己，敬以行事，忠以待人，且不论到何处，皆当固守勿失”。**

【原文】 樊迟[1]问仁。子曰：“居处[2]恭，执事[3]敬，与人[4]忠。虽之夷狄，不可弃也。” ——《子路》

【今译】 樊迟问怎样是仁。孔子说：“在家能恭敬、规矩，办事能认真谨慎，对人能忠实诚恳。虽然到了夷狄，[这三种道德]也是不可放弃的。”

【注释】

（1）樊迟：姓樊，名须，字子迟，鲁人，孔子弟子。

（2）居处：日常的生活起居。

（3）执事：行事。

（4）与人：待人。

**12.【章旨】 孔子教子贡培养仁德在于“事贤友仁”。**

【原文】 子贡问为仁[1]。子曰：“工欲善其事，必先利其器[2]。居是邦也，事其大夫之贤者[3]，友其士之仁者。” ——《卫灵公》

【今译】 子贡问怎样实行仁德。孔子说：“工匠要把活儿干得好，必须先把工具弄得精良合用。[要实行仁德，]住在一个国家，就要事奉大夫中有贤德的人，与士中有仁德的人交朋友。”

【注释】

（1）为仁：行仁，即培养仁德。

（2）“工欲善其事，必先利其器”：工匠想制作成精巧之器物，必须先磨利所使用的工具，用以比喻欲培养仁德，必须要有明师益友的辅导切磋。善：用作动词，意思为“做好，干好，使其完善”。利：用作动词，意思为“搞好，弄好，使其精良”。

（3）事：侍奉，为……服务。

**13.【章旨】 孔子教子张培养仁德在于能实行“恭”、“宽”、“信”、“敏”、“惠”之道。**

【原文】 子张问仁于孔子。孔子曰：“能行五者于天下为仁矣。”“请问之。”曰：“恭、宽、信、敏、惠。恭则不侮，宽则得众，信则人任[1]焉，敏则有功，惠则足以使人。” ——《阳货》

【今译】 子张问孔子怎样做到仁。孔子说：“能在天下实行这五项，就是仁了。”[子张说:]“请问哪五项？”[孔子]说：“庄重，宽厚，守信，勤敏，慈惠。恭敬庄重，就不会受到侮慢；宽厚，就能获得众人的拥护；

守信，就能得到别人的倚赖；勤敏，就能获得成功；慈惠，就能更好地役使别人。”

【注释】

（1）任：倚仗。

**14.【章旨】 孔子论述圣人之境界及求仁之方法。**

【原文】 子贡曰：“如有博施[(1)]于民而能济众[(2)]，何如？可谓仁乎？”子曰：“何事于仁[(3)]，必也圣乎！尧、舜其犹病诸[(4)]。夫仁者，己欲立而立人，己欲达而达人[(5)]。能近取譬[(6)]，可谓仁之方[(7)]也已。” ——《雍也》

【今译】 子贡说：“如果有人广泛地给人民许多好处，又能周济众人，怎么样呢？可以说是仁人吗？”孔子说：“何止是仁人，那必定是圣人了！尧、舜尚且对做不到这样而感到遗憾呢。作为仁人，自己想要立身，就要帮助别人立身；自己想要通达，也要帮助别人通达。凡是都能从切近的生活中将心比心，推己及人，可以说是实行仁的方法啊。”

【注释】

（1）博施：广施恩德。

（2）济众：济助众人。

（3）何事于人：何止于仁，意思是“能如此，则不止于仁也”。

（4）尧、舜：传说是上古两位贤明的君主，也是孔子心目中的圣德典范。病诸：“病”，通“憾”，即“心有所不足”；诸，即之乎的合音。“病诸”的意思是：为此感到遗憾。

（5）己欲……而达人：自己想要依正道立身处世，也要协助他人能够依正道立身处世；自己想要通达正道，也要协助他人通达正道。此句是“推己及人”之意。

（6）能近取譬：“近”，指切近的生活，自身；“譬”，意为“比喻，比方”。此句的意思是：能够就自身打比方，推己及人。

（7）仁之方：求仁的方法。

**15.【章旨】 子夏指示人求仁的方法。**

【原文】 子夏曰：“博学而笃志[(1)]，切问[(2)]而近思[(3)]，仁在其中矣。”

——《子张》

【今译】 子夏说：“广博地学习钻研，坚定自己的志向，恳切地提问，要多想与自己的实际情况密切相关的事情，不要好高骛远、不切实际地空想，仁德就在其中了。”

【注释】

（1）博：广。笃志：坚定志向。此句是说：广博而深入地学习，坚定自己的志向。

（2）切问：切实问明白，不泛滥问。

（3）近思：考虑与自己相关的事，不多想、空想。

**十六至十七章：欲达到仁之境界并不容易，故孔子不轻易以仁许人。虽不容易，只要有心求之，自能获得。**

**16.【章旨】　孔子回答孟武伯的提问，分别指出子路、冉有、公西华的才干，但不轻易以仁许之。**

【原文】　孟武伯问："子路仁乎？"子曰："不知也。"又问。子曰："由也，千乘之国，可使治其赋也(1)，不知其仁也。""求也何如？"子曰："求也，千室之邑(2)，百乘之家(3)，可使为之宰也(4)，不知其仁也。""赤也何如(5)？"子曰："赤也，束带立于朝(6)，可使与宾客言也，不知其仁也。"

——《公冶长》

【今译】　孟武伯问："子路能做到仁吗？"孔子说："不知道。"孟武伯又问。孔子说："仲由啊，在一个有一千辆兵车的国家里，可以让他管理赋税，掌握军政，但是我不知道他能不能做到仁。"孟武伯问："冉求怎么样？"孔子说："冉求啊，可以让他在一个有一千户人家的公邑，或在有一百辆兵车的采邑里，担任总管。但是我不知道他能不能做到仁。"孟武伯问："公西赤怎么样？"孔子说："公西赤啊，可以让他穿上礼服，系上袍带，站在朝廷大堂上，接待宾客，但是我也不知道他能不能做到仁。"

【注释】

（1）治其赋：古代以田赋地税出兵役，故称兵为赋。"治其赋"，含有负责管理军事政治的意思。

（2）邑：古代居民的聚居点，相当于后世的城镇，周围的土地也归属于邑。邑，又可分为"公邑"，"采邑"。"公邑"，是直辖于诸侯的领地属地；"采邑"，是由诸侯分封给所属的卿、大夫的领地。文中"千室之邑"，指的是居住有一千户人家的城邑，即指"公邑"。

（3）家：指的是卿、大夫的采邑。"家"，可设"家臣"，以管理政务。

（4）宰：最早的意思是奴隶的总管，后来是官吏的通称。邑的行政长官也称宰（相当于县长）。

（5）赤：姓公西，名赤，字子华，鲁国人，公元前509年生，卒年不详，孔子的弟子。

（6）束带：整理衣服，扎好衣带，这里指穿上礼服去上朝。

**17.【章旨】 孔子自述“仁道本我所有，求之不难”。**

【原文】 子曰：“仁远乎哉[1]？我欲仁，斯[2]仁至矣。”——《述而》

【今译】 孔子说：“仁，［距离我］远吗？［只要］我想要做到仁，仁就［随着心意］到了。

【注释】

（1）仁远乎哉：说明仁道为我心所固有之理，不待外求，离我不远。

（2）斯：通“则”，相当于现代汉语的“就”。

**十八至二十章：孔子及弟子勉励人以孝悌为本，努力行仁，时时刻刻皆不违背仁道，以修养自己，成为有道德之君子。**

**18.【章旨】 孔子勉励人应当“勇于为仁”。**

【原文】 子曰：“当仁不让于师[1]。” ——《卫灵公》

【今译】 孔子说：“面对着合于仁德的事，即使对老师，也不必谦让。”

【注释】

（1）当仁不让于师：弟子对于老师，本来凡事都应谦让，但是面对行仁之事时，则可以不必谦让。

**19.【章旨】 孔子论述求富贵、去贫贱都应该采用正当的方法去实现，此乃为仁之方，故君子随时随处皆应坚守仁道。**

【原文】 子曰：“富与贵，是人之所欲也；不以其道[1]得之，不处也[2]。贫与贱，是人之所恶也；不以其道得之，不去也[3]。君子去仁，恶乎成名[4]？君子无终食之间违仁[5]，造次必于是[6]，颠沛必于是[7]。” ——《里仁》

【今译】 孔子说：“富贵，是人人希望得到的。［然而，］若不是用正当的方法去获得，君子是不接受的。贫贱，是人人所厌恶的。［然而，］若不是用正当的方法去摆脱，君子是受而不避的。君子假如离开仁德，如何能成名呢？君子是连吃完一顿饭的工夫也不能违背仁的。［即使是］在最紧迫的时刻也必须按仁德去做，［即使是］在流离困顿的时候也必须按仁德去做。”

【注释】

（1）道：方法，途径，此处指仁道。

（2）处：有接受、享用之意。此句是说虽获得富贵，也不愿享用。

（3）去：避开，摆脱。不以其道得之不去：此句是说不以正当方法以避免贫贱，则虽遭遇贫贱，只好安于贫贱而不逃避。

（4）恶：同“乌”，相当于“何”，疑问副词，“怎样，如何”的意思。此句是说：如何成就君子之美名？

（5）终食之间：吃完一顿饭的工夫，比喻短暂的时间。违：违背，离开。

（6）造次：紧迫，仓促，急迫。必于是：必须这样做。“是”，代词，“这，此”的意思。

（7）颠沛：本义是跌倒、偃仆，引申为穷困、受挫折、流离困顿。

**20.【章旨】 有子勉励人务必“孝弟以行仁”。**

【原文】 有子曰[1]：“其为人也孝弟[2]，而好犯上者，鲜矣[3]；不好犯上，而好作乱者[4]，未之有也。君子务本[5]，本立而道生[6]。孝弟也者，其为仁之本与[7]。”

——《学而》

【今译】 有子说：“做人，孝顺父母，尊敬兄长，而喜好冒犯长辈和上级的，是很少见的；不喜好冒犯长辈和上级，而喜好造反作乱的人，是没有的。君子要致力于根本，根本确立了，治国、做人的原则就产生了。所谓‘孝’‘悌’，可为‘仁’的根本吧。”

【注释】

（1）有子：鲁国人，姓有，名若，字子有，孔子的弟子，比孔子小三十三岁，生于公元前518年，卒年不详；另说，比孔子小十三岁。后世，有若的弟子也尊称有若为“子”，故称“有子”。

（2）弟（tì替）：同“悌”。弟弟尊敬兄长，称“悌”。犯上：冒犯上级。

（3）鲜（xiǎn显）：少。

（4）作乱：做悖乱法纪之事。

（5）务本：务本：专心致力于根本。

（6）本立而道生：根本已经建立，则仁道即可由此而循序培养产生。本：依下文，指孝弟。

（7）与：同“欤”，语气词。

## 成语集锦

1. **巧言令色**：说讨人喜欢的话来谄媚人，装出讨人喜欢的脸色来奉承人。

2. **里仁为美**：居住于风俗仁厚的乡里，为一件美事。

3. **刚毅木讷**：公正无私，果敢坚韧，性情质朴，言语迟钝。
4. **杀身成仁**：牺牲生命以成就仁道。
5. **克己复礼**：约束自己的身心，使得凡事都能按照礼仪来实现。
6. **博施济众**：广施恩德，济助众人。
7. **当仁不让**：面临行仁之事时，不必谦让。
8. **造次颠沛**：急遽仓促，困顿流离之时。
9. **能近取比**：能就近以自身作比喻，而推及他人。
10. **己立立人**：自己能够依正道立身处事，也协助他人能够依正道处事。
11. **切问近思**：切实问明白，由近及远去思考。

## 要句精析

1. **里仁为美，择不处仁，焉得知？**

   句旨：意近于“君子居必择乡，游必就士，所以防邪辟而近中正也。”
2. **惟仁者，能好人，能恶人。**

   句旨：仁者能审度人并且好恶分明。
3. **仁者，其言也讱。**

   句旨：仁德的人，说话有所忍耐，不轻易出口。
4. **工欲善其事，必先利其器。**

   句旨：比喻培养仁德之心必须有良师益友的辅导切磋。
5. **己欲立而立人，己欲达而达人。**

   句旨：忠恕之道。
6. **君子去仁，恶乎成名？**

   句旨：君子离开了仁，如何能成名。
7. **君子无终食之间违仁，造次必于是，颠沛必于是。**

   句旨：于颠沛之际而不违仁，故知君子无时无刻违仁。
8. **有子曰：“其为人也孝弟，而好犯上者，鲜矣！不好犯上，而好作乱者，未之有也。”**

   句旨：勉励人应本分以行仁。
9. **君子务本，本立而道生。**

   句旨：所谓“本”是指孝弟。

# 四、论 孝

（选七章）

**一至七章：孔子及弟子论述实践孝道，可循序培养诸德，进而教化人民，使民风趋于淳厚。**

**1.【章旨】 孔子指出行孝不可违背礼制。**

【原文】 孟懿子问孝[1]，子曰："无违。"樊迟御[2]，子告之曰："孟孙问孝于我，我对曰：'无违。'"樊迟曰："何谓也。"子曰："生，事之以礼；死，葬之以礼，祭之以礼[3]。" ——《为政》

【今译】 孟懿子问怎样做才是孝，孔子说："不违背礼制。"樊迟为孔子赶马车，孔子对他说："孟孙氏问我怎样做才是孝，我回答他：'不违背礼。'"樊迟说："是什么意思呢？"孔子说："父母在世时，按周礼侍奉他们；去世了，要按礼为他们办丧事，按礼祭祀他们。"

【注释】

（1）孟懿（yì 意）：姓仲孙，亦即孟孙，名何忌，"懿"是谥号，鲁国大夫，与叔孙氏、季孙氏共同把执鲁国朝政，他的父亲孟僖子临终时嘱咐他要向孔子学礼。

（2）樊（fán 凡）迟：姓樊，名须，字子迟，孔子的弟子，曾与冉（rǎn 染）求一起为季康子做事。生于公元前 515 年，卒年不详，比孔子小三十六岁。御：赶车，驾车。

（3）以礼："以"，同"依"。"以礼"意思为依照礼制。

**2.【章旨】 孔子教导人要多尊重体贴父母。**

【原文】 孟武伯问孝[1]。子曰："父母，唯其疾之忧[2]。" ——《为政》

【今译】 孟武伯问怎样做是孝。孔子说："对父母，要特别担忧他们的疾病。"

【注释】

（1）孟武伯：姓仲孙，名彘（zhì 志），是孟懿子的儿子，“武”是谥号。

（2）其：代词，指父母。此句的意思是：尤其要担心父母的疾病。一说，“其”指子女，“疾”指品德行为上的毛病，意思是：做父母的就是担心子女的品行不好，所以，孝顺父母，就要做到使自己品德好，不要使父母担忧。另说，“其”指子女，“疾”指疾病，是指父母爱子之心，无所不至，唯恐其有疾病，常以为忧也。朱熹《四书集注》云：人子体此，而以父母之心为心，则凡所以守其身者，自不容于不谨矣。”

**3.【章旨】 孔子指出：孝，除能养之外，尤须注重敬。**

【原文】 子游问孝[(1)]，子曰：“今之孝者，是谓能养[(2)]。至于犬马，皆能有养[(3)]。不敬，何以别乎？”

——《为政》

【今译】 子游问怎样做是孝，孔子说：“现在所谓孝顺，总说能够在饮食方面奉养父母就可以了。[但这却是很不够的，因为] 对狗对马，也都能做到饲养它。如果对父母只做到饮食奉养而不诚心孝敬的话，那和饲养狗、马有什么区别呢？”

【注释】

（1）子游：姓言，名偃（yǎn 演），字子游，吴国人，生于公元前 506 年，卒年不详，孔子的弟子，比孔子小四十五岁。

（2）是谓能养：“是”，“只”的意思；“养（yàng）”，即“奉养”。此句是指只知道以饮食奉养父母。

（3）皆能有养：是说人对于狗、马也能用食物畜养它们。

**4.【章旨】 孔子教导子夏：孝敬父母应和颜悦色以宽慰父母的心；若仅服侍、奉养，未足为孝。**

【原文】 子夏问孝，子曰：“色难[(1)]。有事，弟子服其劳[(2)]；有酒食，先生馔[(3)]，曾是以为孝乎[(4)]？”

——《为政》

【今译】 子夏问怎样做是孝，孔子说：“[对父母] 和颜悦色，是最难的。[如果仅仅做到] 有了事，孩子为父母去做；有了酒和饭，让父母吃，[但是，子女的脸色却很难看,] 难道能算是孝吗？”

【注释】

（1）色：脸色，指和颜悦色，即心里敬爱父母，脸面上好看。

（2）弟子：晚辈，指儿女。

（3）先生：长辈，指父母。馔（zhuàn 赚）：吃喝。

(4) 曾 (zēng 增)：副词，“难道”的意思。是：代词，“此，这个”的意思。

**5.【章旨】 孔子教人劝谏父母之道。**

【原文】 子曰："事父母几谏[1]，见志不从，又敬不违，劳而不怨[2]。"

——《里仁》

【今译】 孔子说："侍奉父母，［假如他们有什么不对的地方，］要委婉地进行劝说。看到父母从心里不愿意听从意见，还是要恭恭敬敬，而不要违背，为父母而操劳，也不要怨恨。"

【注释】

（1）几（jī 基）：委婉，轻微。

（2）劳：操劳，辛苦；一说，忧愁。

**6.【章旨】 孔子说：子女须知父母的年龄，及时尽孝。**

【原文】 子曰："父母之年，不可不知[1]也。一则以喜，一则以惧[2]。"

——《里仁》

【今译】 孔子说："父母的年龄，不可以不知道。一方面为他们［年高］而喜欢，一方面为他们［年高］而担心。"

【注释】

（1）知：记得。

（2）惧：父母年纪大了就必然日益衰老、接近死亡，故忧惧担心。

**7.【章旨】 曾子说：能尽孝不忘本，且虔诚地追祭祖先，则民风可归于淳厚。**

【原文】 曾子曰："慎终[1]，追远[2]，民德归厚矣。" ——《学而》

【今译】 曾子说："要谨慎地办理好丧事，虔诚地追祭祖先，［这样做了，］人民的道德就会复归淳厚了。"

【注释】

（1）终：寿终，指父母去世。

（2）远：远祖，祖先。

## 成语集锦

1. **慎终追远**：敬谨地办理丧葬事宜，诚敬地按时祭祀祖先，以表达追思之意。
2. **民德归厚**：人民能不忘本，风俗道德归于淳厚。

3. 劳而不怨：为父母操劳而没有怨恨。

## 要句精析

1. **孟懿子问孝。子曰："无违。"**

   句旨："无违"意谓不违背礼法。

2. **孟武伯问孝。子曰："父母唯其疾之忧。"**

   句旨：孔子教孟武伯要守身尽孝。

3. **子游问孝。子曰："今之孝者，是谓能养，至于犬马，皆能有养；不敬，何以别乎？"**

   句旨：此句特别强调精神上的敬意。

4. **有酒食，先生馔。曾是以为孝乎？**

   句旨：有好的酒和饭，做后辈的让父兄饮食，这是应该的，哪能算得是尽了孝道呢？

5. **见志不从，又敬不违；劳而不怨。**

   句旨：父母不接受劝谏，只能忧虑在心，不能违逆。

6. **子夏问孝。子曰："色难！有事，弟子服其劳，有酒食，先生馔。曾是以为孝乎？"**

   句旨："色难"意思是以和颜悦色之态度双待父母最难。

7. **曾子曰："慎终追远，民德归厚矣"**

   句旨：郑重对待丧祭之礼，能使民德风俗淳厚。

# 五、论道德修养

（选三十六章）

**此章说明道德的效应，有勉励人修“德”的意思。**

**1.【章旨】 孔子勉励人修德。**

【原文】 子曰：“德不孤，必有邻[1]。” ——《里仁》

【今译】 孔子说：“有道德的人不会孤立，必然有与他相亲近的人。”

【注释】

（1）邻：邻里，邻居，这里指思想品格一致、志向相同、能共同合作的人。

此处当辨明“仁”与“德”、“孝”的关系。通常我们称道德完美为“仁”。“孝”是行“仁”的根本，尽孝则能循序培养各种美德，以至达到“仁”的境界。所以“仁”、“孝”都是属于道德修养的范畴，因“仁”、“孝”特别重要，故此处单独列篇学习。

**二至五章：列举各种有碍于道德修养的事情，提醒人们不要犯这样的错误。**

**2.【章旨】 孔子指出巧言及小不忍的弊害。**

【原文】 子曰：“巧言乱德[1]。小不忍[2]则乱大谋[3]。”

——《卫灵公》

【今译】 孔子说：“花言巧语会败坏道德。小事上不能忍耐就会破坏了大事”。

【注释】

（1）巧言乱德：花言巧语，混淆是非，若听信之，则将为其所惑，而丧失所守，坏乱德性。

（2）小不忍：小事不能忍耐。

（3）大谋：大计划、大事。

**3.【章旨】 孔子痛责乡愿之败坏道德。**

【原文】 子曰："乡愿[1]，德之贼也[2]。" ——《阳货》

【今译】 孔子说："所谓'乡愿'，是败坏道德的人"。

【注释】

（1）乡愿：特指当时社会上那种不分是非，过于世俗，言行不一，伪善，处处讨好，谁也不得罪的乡里中以"谨厚老实"为人称道的"老好人"。孔子尖锐地指出：这种"乡愿"，言行不一，实际上是似德非德而乱德的人，乃德之"贼"，世人对之不可不辨。而后，孟子更清楚地说明这种人乃是"同乎流俗，合乎污世"的人。虽然从表面上看，是个对所有人全不得罪的"好好先生"，其实，他抹杀了是非，混淆了善恶，不主持正义，不抵制坏人坏事，全然成为危害道德的人（见《孟子·尽心下》）。"愿"：谨厚，老实。

（2）贼：败坏，侵害，危害。

**4.【章旨】 孔子教导不要妄听妄传不实之言。**

【原文】 子曰："道听而涂说[1]，德之弃也。" ——《阳货》

【今译】 孔子说："听到传闻不加考证而随意传播，从道德上来讲，是应当抛弃的"。

【注释】

（1）"道听……"：在半道上听到的不可靠的传闻，途中又向别人传说。"涂"，同"途"。

**5.【章旨】 孔子指出：人宜祭其所当祭，并应见义勇为。**

【原文】 子曰："非其鬼而祭之[1]，谄也。见义不为，无勇也。"

——《为政》

【今译】 孔子说："不是自己的祖先却去祭祀它，就是谄媚。遇到符合正义的事而不去做，就是没有勇气。"

【注释】

（1）鬼：这里指死去的祖先。

**六至十章：孔子及弟子勉励人应该能自我省察，知过而改。**

**6.【章旨】 孔子感叹人有过失而不能自责。**

【原文】 子曰："已矣乎[1]！吾未见能见其过而内自讼者也[2]。"

——《公冶长》

【今译】 孔子说："罢了啊！我还没见过看到自身的错误而能发自内心自我责备的人。"

【注释】

（1）已：罢了，算了。下面的"矣""乎"，都是表示绝望的感叹助词。

（2）讼（sòng 宋）：责备，争辩，争辩是非。

**7.【章旨】 孔子勉励人要虚心接受他人之告诫与劝导，以迁善改过。**

【原文】 子曰："法语之言[1]，能无从乎？改之为贵。巽与之言[2]，能无说乎[3]？绎之为贵[4]。说而不绎，从而不改，吾末如之何也已矣。"

——《子罕》

【今译】 孔子说："符合礼法的话，能不听从吗？但只有［按照原则］改正［自己的缺点错误］，才是可贵的。顺耳好听的话，能不让人高兴吗？但只有分析鉴别［这些话的真伪是非］，才是可贵的。如果只是高兴而不分析鉴别，只听从而不改正自己，［对于这样的人］我实在没有什么办法啊。"

【注释】

（1）法语之言：指符合礼法规范、符合国家法令的正确的话。"法"：法则，规则，原则。

（2）巽与之言："巽（xùn 逊）"，通"逊"，意思是"谦逊，恭顺"；"与"，即"赞许，称赞"。这句话是指那种顺耳好听的、恭维称道的言词。

（3）说：同"悦"。

（4）绎（yì 义）：本义是抽丝，这里引申为寻究事理，分析鉴别以便判断真假是非。

**8.【章旨】 孔子勉励人知错能改。**

【原文】 子曰："过而不改[1]，是谓过矣。" ——《卫灵公》

【今译】 孔子说："有过错而不改，这才真是过错呢。"

【注释】

（1）改：改正，纠正。孔子主张：过而能改，复于无过。意思是：有些人犯错误，起初是无心的，只要能改，就没有错了；如坚持不肯改正，那才是真正的错误。

**9.【章旨】 孔子勉励人效法贤者，及自我反省。**

【原文】 子曰："见贤思齐焉[1]，见不贤而内自省也[2]。" ——《里仁》

【今译】 孔子说："看到有德行有才能的人，就应该想到向他学习；看到无德无才的人，就应该自我反省。"

【注释】

（1）贤：贤人，有德行有才能的人。齐：平等，向……看齐，与……同等，动词。

（2）省（xǐng 醒）：反省，检查自己的思想行为。

**10.【章旨】 曾子自述省身之事。**

【原文】 曾子曰[1]："吾日三省吾身[2]：为人谋而不忠乎？与朋友交而不信乎？传不习乎[3]？" ——《学而》

【今译】 曾子说："我每天多次检查反省自己：为别人出主意做事情，是否忠实呢？和朋友交往，是否真诚讲信用呢？对老师所传授的知识，是否复习了呢？"

【注释】

（1）曾（zēng 增）子：姓曾，名参（shēn 身），字子舆，曾皙之子，鲁国南武城（在今山东省枣庄市附近）人，孔子的弟子，比孔子小四十六岁，生于公元前 505 年，卒于公元前 435 年，其弟子也尊称曾参为"子"。

（2）省（xǐng 醒）：检查反省自己。

（3）传：老师传授的知识、学问。孔子教学，有"六艺"：礼，乐，射，御，书，数。

**十一至十二章：孔子论述能以俭约寡欲修身，则可以寡失而刚强。**

**11.【章旨】 孔子指出：减少过失在于能自我节制。**

【原文】 子曰："以约失之者鲜矣[1]。" ——《里仁》

【今译】 孔子说："经常能约束自己的人，过失就少了。"

【注释】

（1）约：约束，谨慎节制，这里是指以一种立身处世的原则标准经常来约束自己。失：过失，犯错误。鲜：少。

**12.【章旨】 孔子叹刚强者之难得。**

【原文】 子曰："吾未见刚者。"或对曰："申枨[1]。"子曰："枨也欲[2]，

焉得刚？”　　——《公冶长》

【今译】 孔子说：“我没见过刚强不屈的人。”有人回答：“申枨［是刚强的人］。”孔子说：“申枨啊，个人欲望太多，怎么能刚强？”

【注释】

（1）申枨（chéng 成）：姓申，名枨，字周，鲁国人，孔子的弟子；一说，就是申党（见《史记·仲尼弟子列传》）；另作“申棠”。

（2）欲：欲望多。

**十三至十六章：孔子告诫人应当言语谨慎。**

**13.【章旨】 孔子教人谨言力行。**

【原文】 子曰：“古者言之不出(1)，耻躬之不逮也(2)。”　　——《里仁》

【今译】 孔子说：“古代的人不［轻易］把话说出来，认为说出来却做不到是耻辱的。”

【注释】

（1）古者：古代的人，也往往指古代有统治地位的、做官的人。

（2）耻：羞愧，耻辱，在这里是意动用法，即“以……为耻”。这句话的意思是：“行”比“言”难，“行”往往赶不上“言”；说了话，如果做不到，就会感到失信的耻辱。躬：亲身，亲自，这里指自己的行动。逮（dài 带）：赶上。

**14.【章旨】 孔子批评大言不惭者难以成事。**

【原文】 子曰：“其言之不怍(1)，则为之也难。”　　——《宪问》

【今译】 孔子说：“一个人大言不惭，那么实际去做就困难了。”

【注释】

（1）怍（zuò 作）：惭愧，这里是形容好说大话、虚夸而不知惭愧的人，这种人善于吹嘘，自然就难以实现他所说的话。

**15.【章旨】 孔子教导人应该注重言谈的对象，以免失信与失言。**

【原文】 子曰：“可与言而不与之言，失人；不可与言而与之言，失言。知者不失人(1)，亦不失言。”　　——《卫灵公》

【今译】 孔子说：“可以和他说话却不和他说，就会失掉友人或错过人才；不可以和他说话却和他说，就是浪费言语。聪明人既不失掉友人错过人才，也不浪费言语。”

【注释】

（1）知：同“智”，即“智者，聪明人”。

**16.【章旨】 孔子告诫人对待君子应该语言适宜。**

【原文】 孔子曰：“侍于君子有三愆[(1)]：言未及之而言谓之躁，言及之而不言谓之隐[(2)]，未见颜色而言谓之瞽[(3)]。” ——《季氏》

【今译】 孔子说：“侍奉君子容易有三种过失：［君子］还未说到，［你］就先说了，叫做急躁；［君子］已经说到，［你］还不说，叫做隐瞒；不看［别人］脸色而贸然说话，叫做瞎子。”

【注释】

（1）愆（qiān 千）：过失，差错，失误。

（2）隐：隐瞒，有意缄默。

（3）瞽（gǔ 古）：双目失明，盲人，这里比喻不能察言观色，说话不看时机就如同盲人一样。

**十七至十八章：孔子告诫人不可有骄吝怨尤之心。**

**17.【章旨】 孔子告诫人不要骄矜而鄙吝。**

【原文】 子曰：“如有周公之才之美，使骄且吝[(1)]，其余不足观也已。” ——《泰伯》

【今译】 孔子说：“如果有人能像周公那样好的智能和才艺，然而他却矜夸和鄙吝，其余的才能也就不足观了”

【注释】

（1）吝（lìn 赁）：吝啬，小气，过分爱惜，应当用而不用。

**18.【章旨】 孔子比较与贫富相处之难易，用以勉励人当善其所处。**

【原文】 子曰：“贫而无怨难，富而无骄易。” ——《宪问》

【今译】 孔子说：“贫穷而没有怨恨，是困难的；富裕了而不骄矜，是容易的。”

【注释】

（1）无：同“不”。

**十九至二十三章：孔子及弟子论述交友之道。**

**19.【章旨】 孔子告诉子贡交友之道。**

【原文】 子贡问友。子曰："忠告而善道之[(1)]，不可则止，毋自辱焉[(2)]。"

——《颜渊》

【今译】 子贡问怎样对待朋友。孔子说："要忠诚地劝告他，委婉恰当地开导他，他还不听从，就停止算了，不要自受侮辱。"

【注释】

（1）道：同"导"，意思是"引导，诱导"。

（2）毋（wú 吴）：勿，不要。

**20.【章旨】 曾子论交友之道。**

【原文】 曾子曰："君子以文[(1)]会友，以友辅仁[(2)]。" ——《颜渊》

【今译】 曾子说："君子以讲习诗书、礼乐、文章、学问来聚会结交朋友，依靠朋友互相帮助来培养仁德。"

【注释】

（1）文：指《诗》《书》《礼》《乐》而言。

（2）辅：助。辅仁：以德相勉，以过相规，互相切磋，彼此协助，以共求进步。

**21.【章旨】 孔子说：朋友相处，言语应合乎义理，不可卖弄小聪明。**

【原文】 子曰："群居[(1)]终日，言不及义，好[(2)]行小慧[(3)]，难矣哉[(4)]！"

——《卫灵公》

【今译】 孔子说："众人整天聚在一处，说的话从不涉及义理，还好卖弄一点小聪明，［对这种人］真难［教育］啊！"

【注释】

（1）群居：群集一处。

（2）好（hào）：喜好。

（3）行小慧：卖弄小聪明。

（4）难矣哉：难以教育啊。

**22.【章旨】 孔子说：朋友有益友、损友之别。意在告诫人交友应择益友而避损友。**

【原文】 孔子曰："益者三友，损者三友。友直，友谅[(1)]，友多闻，益

矣。友便辟[2]，友善柔[3]，友便佞[4]，损矣。” ——《季氏》

【今译】 孔子说：“有益的朋友有三种，有害的朋友也有三种。与正直的人交友，与诚信的人交友，与见闻学识广博的人交友，是有益的。与习惯于歪门邪道的人交友，与善于阿谀奉承的人交友，与善于花言巧语的人交友，是有害的。”

【注释】

（1）直：正直。谅：诚实。

（2）便辟（pián pì 蹁僻）：习惯于摆架子装样子，内心却邪恶不正。

（3）善柔：善于阿谀奉承，内心却无诚信。

（4）便佞（pián nìng 蹁泞）：善于花言巧语，而言不符实。

**23.【章旨】 孔子告诫人应当慎重对待自己的爱好。**

【原文】 孔子曰：“益者三乐[1]，损者三乐。乐节礼乐[2]，乐道人之善，乐多贤友，益矣。乐骄乐[3]，乐佚游[4]，乐宴乐[5]，损矣。” ——《季氏》

【今译】 孔子说：“对人有益的爱好有三种，对人有害的爱好有三种。爱好言谈举止皆合乎礼乐的节度，爱好称道别人的善处，爱好多交贤友，是有益处的。爱好奢侈放肆而不知节制，爱好闲散游荡，爱好追逐酒食之乐，是有损害的。”

【注释】

（1）乐（yào）：爱好。

（2）节礼乐（yuè）：此句是说言谈举止皆合乎礼乐的节度。

（3）骄乐（lè）：指奢侈放肆而不知节制之乐。

（4）佚：同“逸”，意思是“安闲，休息”。佚游：闲散游荡。

（5）宴乐（lè）：追逐酒食之乐。

**二十四至二十六章：孔子论述知人之道。**

**24.【章旨】 孔子论述观察人善恶之法。**

【原文】 子曰：“视其所以[1]，观其所由[2]，察其所安[3]。人焉廋哉[4]？人焉廋哉？” ——《为政》

【今译】 孔子说：“[了解人，要] 看他言行的动机，观察他所采取的方法，考察他安心于做什么。[这样去了解，] 人怎么能隐瞒得了呢？

【注释】

（1）以：根据，原因，言行的动机；一说，“以”通“与”，引申为与谁，同谁，结交什么样的朋友。

（2）由：经由，走的道路，指为达到目的而采用的方式方法。

（3）察其所安："察"，即"审察"；"安"，即乐，指内心安逸快乐的情形。

（4）焉：代词，表示疑问，意思是"哪里，怎么"。廋（sōu 搜）：隐藏，隐瞒。

**25.【章旨】 孔子教子贡慎重评价一个人，不可人云亦云，随声附和，应以其真实之善恶为标准。**

【原文】 子贡问曰："乡人皆好之[1]，何如？"子曰："未可也。""乡人皆恶之[2]，何如？"子曰："未可也。不如乡人之善者好之，其不善者恶之。"

——《子路》

【今译】 子贡问："全乡都喜欢的人，如何呢？"孔子说："未必可以。"［子贡又问:］"全乡都憎恶的人，如何呢？"孔子说："未必可以。不如是全乡中的好人都喜欢他，坏人都讨厌他。"

【注释】

（1）好（hào 号）：喜爱，称道，赞扬。

（2）恶（wù 务）：憎恨，讨厌。

**26.【章旨】 孔子论知人之道，在于详察而不随声附和。**

【原文】 子曰："众恶之，必察焉[1]；众好之，必察焉。"

——《卫灵公》

【今译】 孔子说："众人都厌恶他，一定要仔细考察详情原因；众人都喜欢他，一定要仔细考察详情原因。"

【注释】

（1）察：仔细观察。

**二十七至二十九章：孔子论待人之道。**

**27.【章旨】 孔子告诫：人勿唯利是图。**

【原文】 子曰："放于利而行[1]，多怨[2]。" ——《里仁》

【今译】 孔子说："为追求私利而行动，会招来许多人的怨恨。

【注释】

（1）放：通"仿"，意思是"仿照，效法，依照"，这里引申为一味追求。

（2）多怨：容易招至怨恨。

**28.【章旨】 孔子论报德报怨之道。**

【原文】 或曰："以德报怨何如（1）？"子曰："何以报德？以直（2）报怨，以德报德。"——《宪问》

【今译】 有人说："用恩德来报答仇怨，如何呢？"孔子说："［那么］用什么来报答恩德呢？［应该］以公平无私来对待仇怨，用恩德来报答恩德。"

【注释】

（1）以德报怨："德"，即"恩惠，恩德"；"怨"，即"怨恨，仇怨"。这句话可能是当时的俗语。《老子》："大小多少，抱怨以德。"这是老子哲学中一种调和化解矛盾的思想，孔子对这种思想提出了批评。

（2）直：指公正无私。

**29.【章旨】 孔子教人立身处世之道，在于责己严而待人宽。**

【原文】 子曰："躬自厚而薄责于人（1），则远怨矣（2）。"——《卫灵公》

【今译】 孔子说："多责备自己而少责备别人，就可以避开怨恨了。"

【注释】

（1）躬自厚：意为责己要重，应多多反省责备自己。躬：自身。厚：这里指厚责，重责。薄责于人：意为待人要宽厚，少挑剔责备别人。薄责：轻责，少责备。

（2）远：远离，避开。

**三十至三十一章：孔子勉励人应当努力提升自己的学问与本领，具备可为人知的真才实学。**

**30.【章旨】 孔子说：人不当强求人知，而当力求知人。**

【原文】 子曰："不患（1）人之不己知（2），患不知人也。"——《学而》

【今译】 孔子说："不怕别人不了解自己［的长处好处］，怕的是自己不了解别人［的好歹］。

【注释】

（1）患：忧愁。

（2）不己知："不知己"的倒装句。"知"：了解，理解。这句话的意思是他人不知自己有才德。

**31.【章旨】 孔子勉励人要充实自己，不必报怨没人了解自己及谋不到职位。**

【原文】 子曰："不患无位[(1)]，患所以立[(2)]；不患莫己知[(3)]，求为可知[(4)]也。"

——《里仁》

【今译】 孔子说："不担忧没有官职地位，应担忧的是自己没有能站得住脚的［学问与本领］。不担忧没有人知道自己，只求自己能成为值得别人知道的人。"

【注释】

（1）位：职位。

（2）立：站得住脚，有职位，在社会有立足之地。所以立：所用来尽责称职的才德。

（3）莫己知："莫知己"的倒装，意思是无人知道自己有才德。

（4）可知：自己有可为人知的真才实学。

三十二至三十五章：**孔子及弟子论"忠恕""信义""恭敬"诸德之效用，有勉励人努力奉行诸德之意。**

**32.【章旨】 曾子论述孔子一贯之道，在于"忠恕"二字。**

【原文】 子曰："参乎！吾道一以贯之。"曾子曰："唯[(1)]。"子出，门人[(2)]问曰："何谓也？"曾子曰："夫子之道忠恕而已矣[(3)]。" ——《里仁》

【今译】 孔子说："曾参啊！我所主张的'道'是由一个根本的宗旨而贯彻始终的。"曾子说："是的。"孔子走出去以后，别的弟子问［曾参］："［老师的话］是什么意思？"曾子说："老师所主张的道，不过是忠恕罢了。"

【注释】

（1）唯：在这里是应答词，即"是的"。

（2）门人：指孔子弟子，即曾子当时的同学。

（3）忠：尽己、忠诚，真挚诚恳。恕：推己及人，不计较别人的过错，对别人宽容。

**33.【章旨】 孔子告诉子贡，可以终身奉行的是"恕"。**

【原文】 子贡问曰："有一言[(1)]而可以终身行之者乎？"子曰："其[(2)]'恕'乎！己所不欲，勿施于人。"

——《卫灵公》

【今译】 子贡问道："有一个字而可以终身奉行的吗？"孔子说："那就是'恕'吧！自己不愿意的，不要加给别人。"

【注释】

（1）一言：指一字。

（2）其：语气词，表示揣度的语气，意思是“可能”“大概”。

**34.【章旨】 有子论述与人言行交际的准则。**

【原文】 有子曰：“信近于义[1]，言可复也[2]。恭近于礼，远耻辱也[3]。因不失其亲[4]，亦可宗也[5]。” ——《学而》

【今译】 有子说：“讲信用，要符合于义；这种符合于义的信约诺言，才能去实践、兑现。恭敬，要符合于礼，［这样做，］就能避免耻辱。所依靠的，应当是亲近自己的人，［只有这些人］才是可尊崇而靠得住的。”

【注释】

（1）信，信约。近：符合，接近。义：合理的，有道理的，符合于周礼的。

（2）复：实践，实行。

（3）远：避免，免去，离开。

（4）因：依靠，凭借。

（5）宗：尊奉，尊崇，可靠，有崇敬效法之意。

**35.【章旨】 孔子教子张所到之处能行得通之道，在于“言忠信、行笃敬”。**

【原文】 子张问行，子曰：“言忠信，行笃敬，虽蛮貊之邦[1]，行矣。言不忠信，行不笃敬，虽州里[2]，行乎哉？立则见其参于前也[3]，在舆则见其倚于衡也[4]，夫然后行。”子张书诸绅[5]。 ——《卫灵公》

【今译】 子张问［自己的主张］如何能行得通。孔子说：“说话忠诚守信，行为敦厚恭敬，即使在蛮貊地区，也行得通。说话不忠诚，行为不笃敬，即使在本乡州里，能行得通吗？［“忠信笃敬”这几个字］站着，仿佛看见直立在眼前；坐车，仿佛看见它依靠在车辕的横木上。这样做了以后就能行得通。”子张［把孔子的话］写在自己的衣带上。

【注释】

（1）行笃敬：笃，厚也。行笃敬：行为笃厚敬慎。蛮：南蛮，泛指南方边疆少数民族。貊（mò 墨）：北狄，泛指北方边疆少数民族。

（2）州里：古代二千五百家为州，五家为邻，五邻为里。这里代指本乡本土。

（3）参：本意为直、高，这里引申为像一个高大的东西直立在眼前。

（4）舆（yú 余）：车。倚：依靠在物体或人身上。衡：车辕前的横木。

（5）书诸绅：即“书之于绅”，“绅”指系在腰间的、下垂的、宽大的衣带。此句是说：把警句、格言写在腰间的大带子上，一低头就能看到，从而时时提醒自己，指导自己的言行。这是古代一种加强自我修养的方法。

**三十六章：孔子论述如果能修德以达道，则此生可以了无憾恨。**

**36.【章旨】 孔子勉励人努力求道。**

【原文】 子曰："朝闻道[1]，夕死可矣。" ——《里仁》

【今译】 孔子说："早上明白知晓了真理，晚上就死去，也是可以的。"

【注释】

（1）闻：听到，知道，懂得。道：此指某种真理，道理，原则，也即我们所说的儒家之道。

## 成语集锦

1. **道听途说：** 比喻听到某事，不加思辨，不问确实与否，即妄加传述。
2. **三省吾身：** 多次反省自己的言行。
3. **见贤思齐：** 看到有学问、有道德的人，就想效法他。
4. **忠告善道：** 尽心劝诫，尽力劝导。
5. **以文会友：** 借助文章，结交朋友。
6. **言不及义：** 说话从没有谈到正经事。
7. **好行小慧：** 喜欢卖弄小聪明。
8. **以德报怨：** 用恩德来回报仇怨。
9. **言之不怍：** 说大话不感到惭愧。怍：惭愧。
10. **巧言乱德：** 花言巧语、搬弄是非以败坏德性。
11. **法语之言：** 严正地告诫。
12. **巽与之言：** 委婉地劝导。
13. **直谅之友：** 正直诚信的朋友。

## 要句精析

**1. 吾未见能见其过而内自讼者也。**

句旨：未能发现能自知过错，而又能内心咎责自己的人。

2. **巽与之言，能无说乎？绎之为贵。**

   句旨：对于顺耳、恭维、让人高兴的话，应深切了解其用意。

3. **说而不绎，从而不改，吾未如之何也已矣！**

   句旨：孔子对劝诫之言不寻思、有过失不改的人也无可奈何。

4. **见贤思齐焉，见不贤而内自省也。**

   句旨：遇到有德有才之人，应该向他学习，而遇到无德无才之人，应该自我反省。

5. **古者言之不出，耻躬之不逮也。**

   句旨：不要轻易说大话，说出来做不到是耻辱的。

6. **其言之不怍，则为之也难！**

   句旨：大言不惭，难以成事。

7. **忠告而善道之，不可则止，毋自辱焉。**

   句旨：论述交友之道。

8. **群居终日，言不及义，好行小慧，难矣哉！**

   句旨：朋友相处，交谈语言要合乎道义，不要卖弄小聪明。

9. **视其所以，观其所由，察其所安，人焉廋哉！**

   句旨：评价人善恶之方法。

10. **众恶之，必察焉，众好之，必察焉。**

    句旨：强调人应该明辨善恶。

11. **躬自厚，而薄责于人。**

    句旨：严于律己，宽以待人。

12. **不患莫己知，求为可知也。**

    句旨：不怕他人不了解自己，只求自己能拥有为他人所知之才德。

13. **不患无位，患所以立。**

    句旨：不忧虑无官位，只忧虑无立身处世之才能。

14. **信近于义，言可复也。**

    句旨：信约合于义礼，才能去实现、兑现。

15. **因不失其亲，亦可宗也。**

    句旨：能亲近值得亲近的人，这个人也值得尊敬。

16. **朝闻道，夕死可矣。**

    句旨：勉励人努力去追求真理。

# 六、论 士

（选五章）

**一章：孔子论述“士”虽有高下之不同，然而重要的在于德行。**

**1.【章旨】 孔子与子贡谈论士之德行。**

【原文】 子贡问曰：“何如斯可谓之士矣？”子曰：“行己有耻（1），使于四方，不辱君命（2），可谓士矣。”曰：“敢问其次？”曰：“宗族称孝焉，乡党称弟焉（3）。”曰：“敢问其次？”曰：“言必信，行必果（4）。硁硁然小人哉（5），抑亦可以为次矣。”曰：“今之从政者何如？”子曰：“噫！斗筲之人（6），何足算也（7）！”

——《子路》

【今译】 子贡问：“如何才配称为‘士’？”孔子说：“对自己的行为能保持羞耻之心；出使到其他国家，能不辜负君主委托的使命，这样的人可配称为‘士’了。”［子贡］说：“我冒昧地问，次一等的呢？”［孔子］说：“宗族里的人称赞他孝顺父母，乡里的人称赞他敬爱兄长。”［子贡］说：“我冒昧地问，再次一等的呢？”［孔子］说：“说话一定守信用，行动一定坚决果断。［虽然这样做］是浅薄固执的小人，不过也可以作为次一等的了。”［子贡］说：“现在的执政者如何呢？”孔子说：“咳！这些器量小的卑贱的人，算得了什么！”

【注释】

（1）行己有耻：对于自己的言行，能知耻而有所不为。

（2）不辱君命：奉命出使，不使君命受屈辱，即能顺利达成国君所托付的任务。

（3）弟：同“悌”，指敬爱兄长。

（4）行必果：行动一定要坚决果断。

（5）硁硁然：“硁（kēng 坑）”，通“硜”，意思是像小石头一样坚硬，形容浅薄固执。孔子认为如果不问是非曲直，在大事上糊涂，只对自己的言行“必信”“必果”，必然会陷入浅薄固执。《孟子·离娄下》说：“大人者，言不必信，行不必果，惟义所在。”意思是：真正有德行的人，说话不一定句句守信，行为不一定贯彻始终，只要合乎道义，按道义行事便成。

（6）斗筲：“筲（shāo 烧）”，指盛饭用的小竹器，饭筐。斗、筲容量都不大（一斗只容十升，一说一斗二升），这里形容人的见识短浅，器量狭小。

（7）算：同“数”。何足算：指数不到他们，算不上他们。

**二至三章：孔子论述士不可贪图衣食居处之舒适。**

**2.【章旨】 孔子说：士应当安贫乐道。**

【原文】 子曰：“士志于道[(1)]，而耻恶衣恶食[(2)]者，未足与议[(3)]也。”

——《里仁》

【今译】 孔子说：“士有志于道，而又以穿的衣服不好、吃的饭菜不好为耻，［这种人］是不值得与他谈论道的。”

【注释】

（1）士：读书人，一般的知识分子。

（2）耻恶衣恶食：恶（è），“粗劣”的意思。此句意为：以粗劣之衣食为耻辱。

（3）未足与议：“未足”，即“不值得”。与议：与之议道。

**3.【章旨】 孔子告诫：士不可为求生活的安适而消磨其志。**

【原文】 子曰：“士而怀居[(1)]，不足以为士矣。” ——《宪问》

【今译】 孔子说：“作为‘士’，如果留恋舒适的家庭，就不足以成为‘士’了。”

【注释】

（1）怀居：“怀”，即“留恋，思念”。“居”，即“家居，家庭”，指贪恋生活安适。这句话的意思是：士若怀念家居之安，心有所累，就成就不了事业。

**四至五章：论述士应具有高尚的操守及远大的抱负。**

**4.【章旨】 曾子勉励士必须心胸宽广，刚毅果敢，因其任重而道远。**

【原文】 曾子曰：“士不可以不弘毅[(1)]，任重而道远[(2)]。仁以为己任[(3)]，不亦重乎？死而后已，不亦远乎？” ——《泰伯》

【今译】 曾子说：“士，不可以不心胸开阔、意志坚强，［因为］责任重大，道路遥远。把实现‘仁’看做是自己的任务，不也是很重大吗？［要终生为之奋斗］到死才停止，不也是很遥远吗？”

【注释】

（1）弘毅：“弘”，即“广大，开阔，宽广”；“毅”，即“坚强，果敢，刚毅”。宋代儒学家程颢解说：“弘而不毅，则无规矩而难立；毅而不弘，则隘陋而无以居之。”“弘大刚毅，然后能胜任重任而远到。”

（2）任重而道远：“任”，指“担当的责任”。道：行走的路程。

（3）“仁以……”：“以仁为己任”的倒装句，把实现“仁”看做是自己的任务。

**5.【章旨】 子张论士之行，以“见危致命”、“见得思义”、“祭思敬”、“丧思哀”四者为立身之大节。**

【原文】 子张曰：“士见危致命[(1)]，见得思义[(2)]，祭思敬，丧思哀，其可已矣[(3)]。”

——《子张》

【今译】 子张说：“作为一个士，遇见国家危难，能献出自己生命；遇见有利可得，能考虑是否合乎道义；祭祀时，能想到恭敬严肃；临丧时，能想到悲哀。这样做就可以了。”

【注释】

（1）致命：授命，舍弃生命。

（2）思：反省，考虑。

（3）其可已矣：“见危致命，见得思义，祭思敬，丧思哀”这四方面是立身之大节，作为士，如能做到这些，就算可以了。

## 成 语 集 锦

1. **行己有耻**：对自己的言行，能知耻而有所不为。
2. **言信行果**：说话信实，行事果敢。
3. **硁硁小人**：行为保守而浅薄固执的人。
4. **斗筲之人**：德薄量浅的人。
5. **恶衣恶食**：粗劣的衣服、饮食。
6. **任重道远**：责任重大，路途遥远。
7. **见危致命**：见到国家危难时，牺牲生命去解救。

**8. 见得思义**：见到有利可得时，想到是否合乎道义。

## 要句精析

**1. 斗筲之人，何足算也。**

句旨：孔子认为当时从政者鄙陋浅薄，不够格称士。

**2. 士志于道，而耻恶衣恶食，未足与议也。**

句旨：作为士应当安贫乐道。

**3. 子曰："士而怀居，不足以为士矣。"**

句旨：义同于"士志于道，而耻恶衣恶食者，未足与议也。"

**4. 曾子曰："士不可以不弘毅，任重而道远，仁以为己任，不亦重乎！死而后已，不亦远乎！"**

句旨：但为士，一生行仁，即艰难又责任重大。

**5. 士，见危致命，见得思义。**

句旨：作为士，应当在国家有难，大义当前时勇于牺牲，并且不会见利忘义。

# 七、论君子

(选三十五章)

**君子为孔子的理想人格。一至四章说明君子之志，在于以德义为归，修己安人，建立美名。**

**1.【章旨】 孔子论君子与小人所怀不同。**

【原文】 子曰："君子怀德(1)，小人怀土(2)；君子怀刑(3)，小人怀惠(4)。"

——《里仁》

【今译】 孔子说："君子关心的是道德教化，小人关心的是乡土田宅；君子关心的是法度，小人关心的是实惠。"

【注释】

(1)怀德：怀，即思念；怀德，意为一心想念保有美德。

(2)怀土：土，指田宅产业；怀土，意为一心想念居住的安乐。

(3)怀刑：刑，指法度，典范；怀刑，即心存礼法，唯恐违背触犯。

(4)怀惠：惠，恩惠。怀惠，指思图恩惠，有贪利之意。

**2.【章旨】 孔子以义利判别君子、小人。**

【原文】 子曰："君子喻于义(1)，小人喻于利(2)。" ——《里仁》

【今译】 孔子说："君子懂得义，小人只知道利。"

【注释】

(1)喻：知道，明白，懂得。义：公正合乎情理的道理或举动，合乎正义。

(2)利：私利，财利。

**3.【章旨】 孔子与子路论君子的修己功夫。**

【原文】 子路问君子。子曰："修己以敬(1)。"曰："如斯而已乎？"曰：

“修己以安人[2]。”曰：“如斯而已乎？”曰：“修己以安百姓。修己以安百姓，尧、舜其犹病诸[3]！” ——《宪问》

【今译】 子路问怎样才是君子。孔子说：“修养自己，保持严肃恭敬的态度。”［子路］说：“像这样就够了吗？”［孔子］说：“修养自己，使贵族、大夫们安乐。”［子路］说：“像这样就够了吗？”［孔子］说：“修养自己，使全体百姓安乐。修养自己，使全体老百姓安乐，尧、舜尚且担心做不到哩！”

【注释】

（1）修己以敬：敬，庄敬，为礼之根本。修己以敬，即修身以礼。

（2）人：与“己”相对，这里指士大夫以上的贵族、上层人士，比下面的“百姓”所指范围要窄。

（3）病：担心，忧虑。

**4.【章旨】 孔子勉励人及时修德，以期身殁之后，有名声可称。**

【原文】 子曰：“君子疾没世而名不称焉[1]。” ——《卫灵公》

【今译】 孔子说：“君子就怕死后没有［好的］名声被人称颂。”

【注释】

（1）疾：忧虑。没世：“没”，通“殁（mò）”，即“终身，死”。称：称述，称道。

**五至十一章：论述君子能以礼义忠信修身，有过必改，成就其为己之学，以达到文质彬彬的地步。**

**5.【章旨】 孔子论述君子自修之道。**

【原文】 子曰：“君子不重则不威，学则不固[1]。主忠信；无友不如己者[2]；过，则勿惮改[3]。” ——《学而》

【今译】 孔子说：“君子［举止］不庄重，就没有威严，［态度］不庄重，学习的知识学问就不巩固。做人主要讲究忠诚，守信用。不要同不如自己的人交朋友。如果有了过错，就不要害怕改正。”

【注释】

（1）重：庄重。威：威严。固：巩固，牢固；一说，固执，闭塞不通。

（2）无：同“毋”，意思是“不要”。友：做动词用，意思是“交朋友”。此句是说不结交不如自己的人。

（3）过：错误，过失。惮（dàn 旦）：畏难，怕。

**6.【章旨】　孔子论君子立身处世之道，以义为体，以礼、逊、信三者为用。**

【原文】　子曰："君子义以为质[1]，礼以行之，孙以出之[2]，信以成之。君子哉！"　——《卫灵公》

【今译】　孔子说："君子以义为根本，以礼法来实行［义］，以谦逊的语言来表达［义］，以忠诚的态度来完成［义］，这就是君子啊！"

【注释】

（1）质：本意为本质、质地，引申为基本原则、根本。

（2）孙：同"逊"。出：出言，表达。

**7.【章旨】　孔子以君子不忧不惧开导司马牛。**

【原文】　司马牛问君子。子曰："君子不忧不惧。"曰："不忧不惧，斯谓之君子已乎？"子曰："内省不疚[1]，夫何忧何惧？"　——《颜渊》

【今译】　司马牛问［怎样是］君子。孔子说："君子不忧愁，不畏惧。"［司马牛］说："不忧愁不畏惧，就称为君子了吗？"孔子说："自己反省检查，问心无愧，那还忧愁什么畏惧什么？"

【注释】

（1）省（xǐng 醒）：检查，反省，检讨。疚（jiù 旧）：对于自己的错误感到内心惭愧，痛苦不安。

**8.【章旨】　孔子论君子学以为己，不求人知。**

【原文】　子曰："君子病无能焉[1]，不病人之不己知也。"

——《卫灵公》

【今译】　孔子说："君子只忧虑［自己］没有才能，不忧虑别人不知道自己。"

【注释】

（1）病：担心，忧虑。

**9.【章旨】　子贡赞许君子勇于改过。**

【原文】　子贡曰："君子之过也，如日月之食焉[1]。过也，人皆见之；更也[2]，人皆仰之。"　——《子张》

【今译】　子贡说："君子的过错，如同日蚀月蚀：过错，人们都看得见；更改，人们都仰望着。"

【注释】

（1）食：同“蚀”。

（2）更：变更，更改。

**10.【章旨】 子夏指责小人文过饰非。**

【原文】 子夏曰：“小人之过也必文[1]。” ——《子张》

【今译】 子夏说：“小人对过错必定掩饰。”

【注释】

（1）文：掩饰。

**11.【章旨】 孔子指出：内在修养和外在气质应相辅相成，相得益彰，才能成为君子。**

【原文】 子曰：“质胜文则野[1]，文胜质则史[2]。文质彬彬[3]，然后君子。” ——《雍也》

【今译】 孔子说：“[内在的] 质朴胜过 [外在的] 文采，就未免粗野；[外在的] 文采胜过 [内在的] 质朴的，就未免浮夸虚伪。只有把文采与质朴配合恰当，然后才能成为君子。”

【注释】

（1）质：即“质地，质朴”，这里引申为朴实的内容、内在的思想情感。孔子认为，仁义是质。文：文采，华丽的装饰，外在的礼仪。孔子认为，礼乐是文。

（2）史：本义是宗庙里掌管礼仪的礼官，官府里掌管文书的官吏。这里指像“史”那样，言词华丽，虚浮铺陈，心里并无诚意，含有浮夸虚伪的贬义。

（3）彬彬：文、质兼备相称，文与质互相融和，配合恰当。

**十二至二十一章：论述君子对人对事之态度。**

**12.【章旨】 孔子指出：君子与小人之别，在于公、私、义、利之间。**

【原文】 子曰：“君子周而不比[1]，小人比而不周[2]。” ——《为政》

【今译】 孔子说：“君子能 [在道义上] 团结人但不 [以私情而] 互相勾结；小人善于拉拢勾结而不 [在道义上] 团结人。”

【注释】

（1）周：同周围的人相处得很好，合群，团结。比（bì 毕）：本义是并列，挨着，在这里有贬义，指为私情而勾结，拉帮结伙，结党营私。

（2）小人：不正派、不道德、人格卑鄙的人，古代也称地位低的人。

**13.【章旨】 孔子以“和”、“同”论君子、小人之别。**

【原文】 子曰：“君子和而不同[1]，小人同而不和。” ——《子路》

【今译】 孔子说：“君子，讲求和谐而不盲从附和；小人，同流合污而不能和谐。”

【注释】

（1）和，同：这是春秋时代常用的两个概念。“和”，和谐，调和，互相协调，指不同性质的各种因素的和谐统一，如五味的调和，八音的和谐。君子尚义，无乖戾之心，能和谐共处，但不盲从附和，能用自己的正确意见来纠正别人的错误意见，故说“和而不同”。“同”，相同，同类，同一。小人尚利，在利益一致时，互相勾结，同流合污，能够“同”；然而一旦利益发生冲突，则不能和谐相处，更不能用道义来协调人情世故，故说“同而不和”。

**14.【章旨】 孔子指出：君子不固执成见，以义为取舍标准。**

【原文】 子曰：“君子之于天下也，无适也，无莫也[1]，义之与比[2]。”

——《里仁》

【今译】 孔子说：“君子对于天下［事情的处理］，没有一定要做的，也没有一定不要做的，而是服从于义。”

【注释】

（1）适，莫：有三种解释：①“适”，即“厚”；“莫”，即“薄”；“无适无莫”，指一视同仁，对人用情无亲疏厚薄，不要有的亲近，有的冷淡。②“适”，通“敌”，指敌对；“莫”，通“慕”，指爱慕；“无适无莫”，意思是“无所为仇，无所欣慕”。③“适（dí 笛）”，指“专注，固定不变”；“莫”，即“不肯，没有”；“无适无莫”，意思是无可无不可，没有一成不变的。天下的事，事无定形，而有定理。君子处理天下的事，没有一定要做的，也没有一定不要做的，而是唯义是从，只要符合义——合情合理，和于正义，该做便做，不该做便不做，怎么干恰当就怎么干，这是朱熹《四书集注》的说法，本书取此说法。

（2）义之与比：与义靠近，向义靠拢，也就是“与义比之”。“比（bì 毕）”：从，靠近，亲近。

**15.【章旨】 孔子论君子用人纳言之道。**

【原文】 子曰：“君子不以言举人[1]，不以人废言[2]。” ——《卫灵公》

【今译】 孔子说：“君子不因为某人讲的言论有道理就贸然举用他，也不因某人有缺点错误而废弃他有道理的言论。”

【注释】

（1）不以言举人：不以其言得当而贸然举用。“有言者未必有德，故不可以言举人”。

（2）不以人废言：不可因其人无德而废弃其有道理的言论。

**16.【章旨】 孔子论君子、小人存心待人之不同。**

【原文】 子曰：“君子易事而难说也[1]。说之不以道，不说也。及其使人也，器之[2]。小人难事而易说也。说之虽不以道，说也。及其使人也，求备焉[3]。”

——《子路》

【今译】 孔子说：“给君子做事容易，却难以讨他的喜欢，不以正道去讨他的喜欢，他是不喜欢的；而到他使用人的侍候，对人却能按才能的大小合理地使用。给小人做事很困难，却容易讨他喜欢，虽然不以正道去讨他的喜欢，他也会喜欢的；而到他使用人的时候，对人就求全责备。”

【注释】

（1）易事：易与共事，侍奉他、给他做事容易。说：同“悦”。难说：难以取悦。

（2）器之：根据其才能而任用。

（3）求备：苛刻求全。

**17.【章旨】 孔子论君子要求自己，小人则责求于人。**

【原文】 子曰：“君子求诸己[1]，小人求诸人。” ——《卫灵公》

【今译】 孔子说：“君子要求自己，小人要求别人。”

【注释】

（1）求：责求，要求；一说，求助，求得。此句意为：君子一切求之于自己，小人一切求之于他人。

**18.【章旨】 孔子论君子、小人之待人，其存心有厚薄之不同。**

【原文】 子曰：“君子成人之美[1]，不成人之恶[2]。小人反是[3]。”

——《颜渊》

【今译】 孔子说：“君子成全别人的好事，不帮别人做成坏事。小人与此相反。”

【注释】

（1）成人之美：成，即“成全”；美，即“善”。此句是说：帮助成全别人的好事。

（2）成人之恶：见人为非作歹，不加劝阻，反而促成其恶。

（3）反是：是，即“此”，指“成人之美，不成人之恶”。反是，意思是与此相反。

**19.【章旨】 孔子论君子不昧于理。**

【原文】 宰我问曰：“仁者，虽告之曰：‘井有仁焉[1]。’其从之也？”子曰：“何为其然也？君子可逝也[2]，不可陷也；可欺也，不可罔也[3]。”

——《雍也》

【今译】 宰我问道：“对于有仁德的人，虽然告诉他：‘有一位仁人掉到井里啦！’他会跟着跳下去吗？”孔子说：“为什么要他那样做呢？君子可以去［井边看一看，设法救人］，不可以［也跟着］陷下去；［君子］可能被欺骗，却不可能被愚弄。

【注释】

（1）井有仁：井里掉进一个有仁德的人；一说，“仁”同“人”。

（2）逝：往，去。

（3）罔：诬罔，被无理陷害，愚弄。

**20.【章旨】 子夏劝慰司马牛，君子持己以敬，待人以恭，则天下之人，皆爱敬之如兄弟。**

【原文】 司马牛忧曰：“人皆有兄弟，我独亡[1]。”子夏曰：“商闻之矣：‘死生有命，富贵在天。’君子敬而无失，与人恭而有礼，四海之内，皆兄弟也。君子何患乎无兄弟也？”

——《颜渊》

【今译】 司马牛忧愁地说：“人家都有兄弟，唯独我没有。”子夏说：“我听说过：‘死生命中注定，富贵由天安排。’君子［只要］认真谨慎没有过失，对人恭敬而有礼貌，天下的人都是兄弟呀。君子何必忧虑没有兄弟呢？”

【注释】

（1）我独亡：“亡”，同“无”。关于司马牛没有兄弟的感叹，传统的说法是：司马牛之兄桓魋，与有巢、子欣、子车等在宋国作乱，失败后逃奔卫、齐、吴、鲁。司马牛虽然始终未参与其兄的作乱，不赞成这种行为，但也被迫逃亡到鲁国。因此，司马牛有兄弟等于无兄弟，故发出这样的忧叹（见《左传·哀公十四年》）。

**21.【章旨】 孔子对子贡谈论君子之所恶，子贡亦言其所恶之事。**

【原文】 子贡曰：“君子亦有恶乎？”子曰：“有恶。恶称人之恶者，恶居下流而讪上者[1]，恶勇而无礼者，恶果敢而窒者[2]。”曰：“赐也亦有恶乎？”

"恶徼以为知者[3]，恶不孙以为勇者[4]，恶讦以为直者[5]。" ——《阳货》

【今译】 子贡问道："君子也有所厌恶吗？"孔子说："有厌恶。厌恶专好称扬散播别人坏处的人，厌恶身居下位而诽谤上位的人，厌恶恃强勇敢而无礼的人，厌恶果决敢为而固执不通事理的人。"［孔子又］说："端木赐呀，你也有所厌恶吗？"［子贡说］："厌恶窃取抄袭［别人的知识成果］却自以为聪明的人，厌恶不谦逊却自以为勇敢的人，厌恶揭发攻击别人却自以为正直的人。"

【注释】

（1）流：根据乾隆年间经学大家惠栋的《九经古义》和清嘉庆年间学者冯登府的《论语异文考证》，"流"字衍。晚唐以前的《论语》版本中无"流"字，至宋代，才有此衍误。讪（shàn 善）：诽谤，讥讽，诋毁。以言毁人称谤，在下谤上称讪。

（2）窒（zhì 志）：阻塞，不通，引申为固执，头脑僵化，顽固不化，不通事理。

（3）徼（jiāo 交）：抄袭，窃取，剽窃他人的知识成果（如言论、学问、见解、做出的成绩等）；一说，私察他人之言行动静，而自作聪明，假以为知。知：同"智"。

（4）孙：同"逊"。

（5）讦（jié 杰）：攻击别人的短处，揭发别人的隐私。

## 二十二至二十六章：论述君子能谨言慎行，随时戒惕，以力争上游。

**22.【章旨】 孔子告诉子贡，君子注重力行，不尚空言。**

【原文】 子贡问君子[1]。子曰："先行其言[2]而后从之[3]。"

——《为政》

【今译】 子贡问怎样做才是君子，孔子说："在说之前，先去实行，然后再按照做了的去说。"

【注释】

（1）君子：古代有学问、有道德、有作为的人，人格高尚的人，或有官职、地位高的人都可称为"君子"。

（2）先行其言：行之于未言之前。

（3）而后从之：言之于既行之后。

**23.【章旨】 孔子指出：君子慎言敏行。**

【原文】 子曰："君子欲讷于言[1]，而敏于行[2]。" ——《里仁》

【今译】 孔子说："君子要谨慎地说话，而要敏捷地行动。

【注释】

（1）讷：本义是说话言语迟钝，这里指说话谨慎，留有分寸。

（2）敏于行："行"，行动，行为。《四书集注》说："放言易，故欲讷；力行难，故欲敏。"意思与《学而篇第一》第十四章"敏于事而慎于言"相同，可参阅。

**24.【章旨】 孔子指出：言过其行，为君子所耻。**

【原文】 子曰："君子耻其言而过其行[1]。" ——《宪问》

【今译】 孔子说："君子以说得多做得少为可耻。"

【注释】

（1）耻其言而过其行："而"，同"之"。此句意为：以其言之超过其行为可耻。

**25.【章旨】 孔子论君子之所戒。**

【原文】 孔子曰："君子有三戒：少之时，血气未定[1]，戒之在色；及其壮也，血气方刚，戒之在斗；及其老也，血气既衰，戒之在得[2]。"

——《季氏》

【今译】 孔子说："君子有三件事要警惕戒备：年轻时，心理、性格还不成熟，要警惕贪恋女色；到了壮年时，精力正旺盛，要警惕争强好斗；到了老年时，精力已经衰弱，要警惕贪得无厌。"

【注释】

（1）血气：血液及气息，在此比喻精神、气力。未定：未成熟，未固定。

（2）得：泛指对于名誉、地位、钱财、女色等的贪欲、贪求。

**26.【章旨】 子贡借纣以警示人不可为恶。**

【原文】 子贡曰："纣之不善[1]，不如是之甚也[2]。是以君子恶居下流[3]，天下之恶皆归焉[4]。" ——《子张》

【今译】 子贡说："殷纣王的不善，并不是人们传说的那样严重。因此，君子憎恶居于下流，［一旦居于下流，］天下的一切坏事［坏名］都会归到他的头上来。"

【注释】

（1）纣：名辛，史称"帝辛"，"纣"是谥号（按照谥法，残忍不义称为"纣"）。商朝最后一个君主，是历史上有名的暴君。据史料看，纣有文武才能，对东方的开发，对文化的发展和中国的统一，都曾有过贡献。但他宠爱妲己，贪酒好色，刚愎自用，拒纳忠言。制定残酷的刑法，压制人民。又大兴土木，无休止地役使人民。后周武王会合西南各族向纣进攻，牧野（今河南淇县西南）一战，纣兵败，逃入城内，引火自焚而死。殷遂灭。

（2）是：代词，指人们传说的那样。

（3）恶（wù 务）：讨厌，憎恨，憎恶。下流：地位卑下，这里指由高位而降至低位。

（4）恶（è 饿）：坏事，罪恶。子贡说这番话的意思，当然不是为纣王去辩解开脱，而是要提醒世人（尤其是当权者），应当经常自我警戒反省，在台上的时候律己要严；否则一旦失势，置身"下流"，天下的"恶名"将集于一身而遗臭万年。

**二十七至二十九章：论君子不拘泥于小技艺，应具有远大而多方面的才能。**

**27.【章旨】 子夏论君子不为小道。**

【原文】 子夏曰；"虽小道[(1)]，必有可观者焉，致远恐泥[(2)]，是以君子不为也。"

——《子张》

【今译】 子夏说："即使是小的技艺，也一定有可取之处，但对远大的事业恐有妨碍，所以君子不从事这些小技艺。"

【注释】

（1）小道：指某一方面的技能，技艺，如古代所谓农、圃、医、卜、乐、百工之类。

（2）泥（nì 腻）：不通达，流滞，拘泥。

**28.【章旨】 孔子论君子、小人之才识有别。**

【原文】 子曰："君子不可小知而可大受也[(1)]，小人不可大受而可小知也。"

——《卫灵公》

【今译】 孔子说："君子不以小才艺为人所赏识，却有大的才德足以承担重任；小人没有大才德不能承担重任，却能以小才艺为人所赏识。"

【注释】

（1）小知："知"，意为"主持，主管"。小知，即任用做小事情，掌管小范围内的具体事务；一说，“知”，了解，识别，小知，即从小处、从任用做小事情上，去了解、识别。

**29.【章旨】 孔子论君子之德，不以一技一艺为贵。**

【原文】 子曰：“君子不器(1)。” ——《为政》

【今译】 孔子说：“君子不要像器具一样[只有固定的某一方面的用处]。”

【注释】

(1) 器：器具，只有一种固定用途的东西。比喻人只具备一种知识，一种才能，一种技艺。

**三十至三十二章：论君子能固守节操。**

**30.【章旨】 曾子赞美君子之节操。**

【原文】 曾子曰：“可以托六尺之孤(1)，可以寄百里之命(2)，临大节而不可夺也(3)。君子人与(4)？君子人也！” ——《泰伯》

【今译】 曾子说：“可以把幼年的孤儿托付给他，可以把国家的命运委托给他，面临重大考验有气节而不动摇屈服。这是君子一类的人吗？是君子一类的人啊！”

【注释】

(1) 六尺之孤：孩子死去父亲，叫“孤”。六尺之孤，指尚未成年而登基接位的年幼君主。古代的“尺”短，一尺合现代市尺六寸九分。身长“六尺”，其实只合现在四尺一寸四分（约 138 厘米），一般指未成年的小孩（十五岁以下）。

(2) 寄百里之命：“寄”，即“寄托，委托”。“百里”，指方圆百里的一个诸侯国。“命”，指国家的政权与命运。

(3) 不可夺：指其志不可夺，不能使他动摇屈服。

(4) 与：同“欤”，语气词。

**31.【章旨】 孔子以松柏比喻君子身处危乱而不改其节操。**

【原文】 子曰：“岁寒，然后知松柏之后凋也(1)。” ——《子罕》

【今译】 孔子说：“到了一年最寒冷的时节，才知道松柏树是最后凋谢的。”

【注释】

(1) 凋（diāo 刁）：凋零，萎谢，草木花叶脱落。松柏树四季常青，经冬不凋。孔子以此为喻，有“烈火见真金”，“路遥知马力”、“国乱识忠臣”、

"士穷显节义"的含意。

**32.【章旨】 记孔子离开卫国困于陈国之事，展现出孔子重礼及君子处困不滥的节操。**

【原文】 在陈绝粮，从者病[(1)]，莫能兴[(2)]。子路愠见曰[(3)]："君子亦有穷乎？"子曰："君子固穷[(4)]，小人穷斯滥矣[(5)]。" ——《卫灵公》

【今译】 ［孔子与弟子们］在陈国某地断绝了粮食，随从的人饿坏了，不能起身行走。子路满脸恼怒，来见［孔子］说："君子也有困厄的时候吗?"孔子说："君子困厄时尚能安守，小人困厄了就不约束自己而胡作非为了。"

【注释】

(1)病：苦，困，这里指饿极了，饿坏了。

(2)兴：起来，起身，这里指行走。

(3)愠（yùn运）：恼怒，怨恨。

(4)固：安守，固守。

(5)滥：像水一样漫溢、泛滥。比喻人不能检点约束自己，什么事都干得出来。

**三十三至三十五章论君子与小人之别。描述君子以其涵养所显现的胸襟气象。**

**33.【章旨】 孔子指明君子、小人心胸的不同。**

【原文】 子曰："君子坦荡荡[(1)]，小人长戚戚[(2)]。" ——《述而》

【今译】 孔子说："君子心胸平坦宽广，小人局促经常忧愁。"

【注释】

(1)坦：安闲，开朗，直率。荡荡：宽广，辽阔。

(2)长：经常，总是。戚戚：忧愁，哀伤，局促不安，患得患失。

**34.【章旨】 孔子分别君子、小人气象的不同。**

【原文】 子曰："君子泰而不骄[(1)]，小人骄而不泰。" ——《子路》

【今译】 孔子说："君子安舒坦然而不骄傲放肆，小人骄傲放肆而不安舒坦然。"

【注释】

(1)泰，骄：皇侃《论语义疏》："君子坦荡荡，心貌怡平，是泰而不为骄慢也；小人性好轻凌，而心恒戚戚，是骄而不泰也。"朱熹说："君子循理，故安舒而不矜肆。小人逞欲，故反是。"

**35.【章旨】 子夏论君子的容态。**

【原文】 子夏曰："君子有三变：望之俨然(1)，即之也温(2)，听其言也厉(3)。"

——《子张》

【今译】 子夏："君子［的态度让你感到］有三种变化：远看外表庄严可畏，接近他温和可亲，听他说的话严正精确。"

【注释】

（1）望之俨然：望之，指从远处望，观其容。俨然，指容貌端庄的样子。

（2）即之也温：即之，指就近观察。温，指颜色温和。

（3）厉：明确严正。

## 成语集锦

1. **过勿惮改**：有了过失，不要怕困难而不肯改正。
2. **内省不疚**：从内心加以省察，毫不愧疚。
3. **文质彬彬**：文采和本质二者配合均匀适当。
4. **无适无莫**：既不预先存着绝对如此的心，也不预先存着决不如此的心。
5. **成人之美**：成全别人做好事。
6. **讷言敏行**：说话慎重，做事勤快。
7. **松柏后凋**：比喻君子身处危乱而不改其节操。
8. **言过其行**：所说的话超过他所做的事。
9. **以言举人**：因为一个人的言论得当就贸然举用他。
10. **易事难说**：容易服侍但难以取悦。
11. **泰而不骄**：心胸坦然而不矜持。
12. **周而不比**：公正而不偏私阿党。
13. **死生有命**：人的生死是命中注定的。
14. **君子不器**：君子不像器皿只有一种用途，孔子勉励士人要多才多艺。

## 要句精析

**1. 君子怀刑，小人怀惠。**

句旨：君子心存礼法，小人顾及恩惠。

**2. 修己以安百姓，尧舜其犹病诸。**

句旨：修身乃至平天下的功夫，尧舜还担忧做不到。

**3. 君子疾没世而名不称焉。**

句旨：君子所引以为憾的是，死后名不见著称于世，所以生前力求得名之实。

**4. 内省不疚，夫何忧何惧？**

句旨：问心无愧，则坦然自安。

**5. 君子病无能焉，不病人之不已知。**

句旨：君子学习是为了自己，并不祈求能被人知道。

**6. 君子之过也，如日月之食焉。**

句旨：君子有过错，人们都看得见。

**7. 小人之过也，必文。**

句旨：小人有过失，一定加以掩饰。

**8. 君子之于天下也，无适也，无莫也，义之与比。**

句旨：君子对人对事毫无成见，只以合理为准责。

**9. 君子易事而难说也，说之不以道，不说也；及其使人也，器之。**

句旨；君子易于服侍而难于取悦。

**10. 君子求诸己，小人求诸人。**

句旨：劝人应反求诸己。

**11. 君子可逝也，不可陷也，可欺也，不可罔也。**

句旨：君子可以被欺骗，但不可被愚弄。

**12. 君子不可小知，而可大受；小人不可大受，而可小知。**

句旨：君子与小人才识有别。

**13. 君子不器。**

句旨：君子不以一技一艺为贵。勉励君子要多才多艺。

**14. 岁寒，然后知松柏之后凋也。**

句旨：君子身处危险也能不改其节操。

**15. 君子固穷，小人穷斯滥矣。**

句旨：君子困厄时尚能安守节操，小人则不能约束自己了。

# 八、论诗礼乐

（选十章）

**一至二章表明，孔子极为重视诗礼乐的教化作用。**

1.【章旨】 **孔子指出：兴起善心，立身成德，在于诗、礼、乐。**

【原文】 子曰："兴于《诗》(1)，立于礼(2)，成于乐(3)。"——《泰伯》

【今译】 孔子说："用《诗经》激励志气，用礼作为行为规范的立足点，用乐完成人格修养、社会之治。"

【注释】

（1）兴：兴起，勃发，激励；受到《诗经》的感染，而热爱真、善、美，憎恨假、恶、丑。

（2）立：立足于社会，树立道德。

（3）成：完成，达到，这里指以音乐来陶冶性情，涵养高尚的人格，完成学业，最终达到全社会"礼乐之治"的最高境界。

2.【章旨】 **记伯鱼所受之庭训为学诗、学礼，由此可见圣人施教之公正。**

【原文】 陈亢问于伯鱼曰(1)："子亦有异闻(2)乎？"对曰："未也。尝独立，鲤趋而过庭(3)。曰：'学《诗》乎？'对曰：'未也。''不学《诗》无以言。'鲤退而学《诗》。他日，又独立，鲤趋而过庭。曰：'学礼乎？'对曰：'未也。''不学礼，无以立。'鲤退而学礼。闻斯二者。"陈亢退而喜曰："问一得三，闻《诗》，闻礼，又闻君子之远其子也(4)。"——《季氏》

【今译】 陈亢问伯鱼："您［从老师那里］听到过什么特别不同的教导吗？"［伯鱼］回答："没有。有一天，［我父亲］一个人站在那里，我快步经过庭院。［父亲］问：'学过《诗经》吗？'［我］回答：'没有。'［父亲说：］'不学《诗经》，［在社会交往中］就不会说话。'我回去就学《诗经》。又一天，［父亲］又一个人站在那里，我快步经过庭院。［父亲］问：'学过礼吗？'［我］回答：'没有。'［父亲说：］'不学礼，［在社会上做人做事］不能立足。'我回去就学礼。［我］

只听说过两件事。”陈亢回去高兴地说：“问了一件事，得到三个收获：听到学《诗经》的意义，听到学礼的好处，又听到君子并不偏向自己的儿子。”

【注释】

（1）陈亢：字子禽，齐人，孔子弟子。伯鱼：孔子的儿子，名鲤，字伯鱼。

（2）异闻：异于他人之所闻者，陈亢怀疑孔子教其子有异于门人。

（3）趋：小步快速而行，以示恭敬。古代礼节，幼者经过长者，当“趋”以示尊敬。过庭：穿过堂前庭院。

（4）远：远离，避开，不亲近，这里指对自己的儿子不偏向，没有偏爱，没有特殊照顾和过分关照。

**三至五章：论述学诗的功效及其应用。**

**3.【章旨】“不论贫与富，皆当乐道修身”，由此可见孔门师生间论学之精益求精。**

【原文】子贡曰：“贫而无谄[(1)]，富而无骄[(2)]，何如？”子曰：“可也。未若贫而乐[(3)]，富而好礼者也[(4)]。”子贡曰：“《诗》云，‘如切如磋，如琢如磨[(5)]，’其斯之谓与[(6)]？”子曰：“赐也，始可与言《诗》已矣，告诸往而知来者[(7)]。”

——《学而》

【今译】子贡说：“贫穷而不去巴结奉承，富裕而不骄傲自大，[这种人]怎么样呢？”孔子说：“也算可以了，[但是，]还不如贫穷仍然快快乐乐，富裕而爱好礼义的人。”子贡说：“《诗经》说：‘要像加工骨头、牛角、象牙、玉石一样，经过切磋琢磨[才能成为精美的器物]。’就是讲的这个意思吧？”孔子说：“端木赐呀，我可以开始同你谈论《诗经》了。告诉你已经发生的事，你就可以知道未来的事。”

【注释】

（1）贫而无谄：贫穷却能不谄媚。

（2）富而无骄：富有却能不骄傲。

（3）贫而乐：指能安贫乐道。

（4）富而好礼：富有却能爱好礼、义。

（5）“如切……”：出自《诗经·卫风·淇奥》篇。切：古代把骨头加工成器物叫“切”。瑳（cuō 搓）：把象牙加工成器物。琢（zhuó 浊）：雕刻玉石，做成器物。磨：把石头加工成器物，治玉石者，既琢之而复磨之，使其细润美观。此句谓进德当精益求精。子贡本以为“无谄”、“无骄”已可，闻孔子之言后，知义理无穷，修德并无止境，须不断求进步，故引《诗》以明之。

（6）其斯之谓与：其，表示猜测的语气词。此句意思是：或许就是这个意思吧？

（7）“告诸……”：“诸”，“之于”的合音。往：已发生的事，已知的事。来：尚未发生的事，未知的事。这里孔子是夸子贡能举一反三。

**4.【章旨】 孔子论述学诗的益处。**

【原文】 子曰：“小子何莫学夫《诗》？《诗》可以兴(1)，可以观(2)，可以群(3)，可以怨(4)；迩之事父(5)，远之事君；多识于鸟兽草木之名。”

——《阳货》

【今译】 孔子说：“弟子们何不学习《诗经》呢？《诗经》可以激发人的意志和感情，可以提高观察能力，可以合群，可以抒发怨恨不平；近可以事奉父母，远可以侍奉君主；还可以多认识鸟兽草木的名字。”

【注释】

（1）兴：本义是兴起，发动，这里指激发人的意志和感情。好的诗歌都是有感而发的，读之可以使人受到感动，而兴发爱憎的感情，在潜移默化中陶冶情操。

（2）观：本义是观察，观看，这里指提高人的观察力。《诗经》的内容丰富，题材多样，历史上的政治得失、现实生活的状况，乃至各地的风俗民情、自然风物等在诗中都有反映。读诗可以丰富知识，从而相应提高观察能力。

（3）群：使合群。诗离不开写人，多读诗就可以更深切地了解人，懂得如何与人相处、相交，培养锻炼人的合群的本领。

（4）怨：怨恨。《诗经》中有不少怨恨诗，表达对现实的愤懑，抒发人们心中的不平，讽刺不合理的社会现象。读了以后，可以学会用讽刺的方法，用正当的宣泄，来表达心中怨恨不平的感情。

（5）迩（ěr 耳）：近。

“兴”、“观”、“群”、“怨”是孔子对诗的美学观点，对后世影响极大。

**5.【章旨】 孔子论述学诗贵在通达应用。**

【原文】 子曰：“诵《诗》三百，授之以政，不达(1)；使于四方，不能专对(2)，虽多，亦奚以为(3)？” ——《子路》

【今译】 孔子说："熟读《诗经》三百篇，派他从政做官，却不会处理政务；派他当外交使节，却不能独立地办理外事交涉，读得虽然很多，又有什么用呢？"

【注释】

（1）达：通达，通晓；会处理，会运用。

（2）专对：即根据外交的具体情况，随机应变，独立行事，回答问题，办理交涉。外交使臣在处理对外交涉的事务时，因不可能时时事事都向本国朝廷请求指示，所以必须有"专对"的能力。另外，当时在外交上往往以背诵《诗经》章句来委婉地进行提问和回答，故"诵诗三百"是外交人才的必备条件。

（3）以：用。为：句末语助词，表示感慨或疑问。

**六章：论述了礼的功效。**

**6.【章旨】 孔子指出：行为当以礼为规范。**

【原文】 子曰："恭而无礼则劳，慎而无礼则葸[1]，勇而无礼则乱，直而无礼则绞[2]。君子笃于亲[3]，则民兴于仁；故旧不遗[4]，则民不偷[5]。"

——《泰伯》

【今译】 孔子说："[只是容貌态度] 恭敬而没有礼义 [来指导] 就会劳扰不安；[只是做事] 谨慎而没有礼义 [来指导] 就会畏缩多惧；[只是] 刚强勇猛而没有礼义 [来指导] 就会作乱；[只是] 直率而没有礼义 [来指导] 就会说话刻薄尖酸。君子如果厚待亲族，老百姓就会按仁德来行动；君子如果不遗忘故旧，老百姓也就厚道了。"

【注释】

（1）葸（xǐ 洗）：过分拘谨，胆怯懦弱。

（2）绞：说话尖酸刻薄，出口伤人，太急切而无容忍。

（3）笃（dǔ 赌）：诚实，厚待。

（4）故旧不遗：不遗弃故交旧友。

（5）偷：刻薄，浇薄。民不偷：指民风归于淳厚。

**七、八章：论述行礼的原则**

**7.【章旨】 孔子指出：礼重在质不在文。**

【原文】 林放问礼之本[1]。子曰："大哉问！礼，与其奢也[2]，宁俭；丧，与其易也[3]，宁戚[4]。"

——《八佾》

【今译】 林放问礼的根本是什么。孔子说："意义重大啊，你提的问题。从礼节仪式来说，与其奢侈，不如节俭；从置办丧事来说，与其在仪式上搞得很隆重而完备周到，不如心里真正悲哀地悼念死者。"

【注释】

（1）林放：姓林，名放，字子上，鲁国人；一说，孔子的弟子。

（2）与其：连词，在比较两件事的利害得失而决定取舍的时候，"与其"用在放弃的一面，后面常用"毋宁"、"不如"、"宁"相呼应。

（3）易：本义是土地整治得平坦，在这里指周到地治办丧葬的礼节仪式。

（4）戚：心中悲哀。

**8.【章旨】 孔子指出：奢、俭皆不中礼，而奢之害为大。**

【原文】 子曰："奢则不孙[(1)]，俭则固[(2)]。与其不孙也，宁固。"

——《述而》

【今译】 孔子说："奢侈了就会不逊，节俭了就［显得］鄙陋。与其不逊，宁可鄙陋。"

【注释】

（1）孙：同"逊"，即"恭顺，谦让"。

（2）固：固陋，鄙陋，小气，寒酸。

**九至十章：论述礼乐应重其根本而不能徒事虚文。**

**9.【章旨】 孔子论礼乐之本在于"仁"。**

【原文】 子曰："人而不仁[(1)]，如礼何[(2)]？人而不仁，如乐何？"

——《八佾》

【今译】 孔子说："人如果没有仁心，虽有礼节，又有什么用呢？人如果没有仁心，乐又有什么用呢？"

【注释】

（1）不仁：没有仁心。

（2）如何礼："如……何"是古代常用句式，当中一般插入代词、名词或其他词语，意思是"把（对）……怎么样（怎么办）"。

**10.【章旨】 孔子慨叹当时只知徒具礼乐虚文，而未讲求本质。**

【原文】 子曰："礼云礼云，玉帛云乎哉[(1)]？乐云乐云，钟鼓云乎哉[(2)]？"

——《阳货》

【今译】　孔子说：“礼呀礼呀，只是指玉帛之类的礼器吗？乐呀乐呀，只是指钟鼓之类的乐器吗？”

【注释】

（1）玉帛：指古代举行礼仪时使用的玉器、丝帛等礼器、礼品。

（2）钟鼓：古代乐器。朱熹说：“敬而将之以玉帛，则为礼；和而发之以钟鼓，则为乐。”这说明礼乐之可贵在于在百姓中提倡“敬”、“和”。如果只是在形式上摆玉帛、敲钟鼓，而忽略了它的深刻内容，那就失去了礼乐本来的意义与作用。

## 成语集锦

1. **切磋琢磨**：治骨角者，既切之而复磋之，使其光滑好看；治玉石者，既琢之而复磨之，使其细润美观。比喻进德当精益求精。
2. **告往知来**：告诉他一件事，就能悟出其他的道理来。
3. **故旧不遗**：不遗弃故交旧友。
4. **趋庭之教**：子承父教。
5. **富而好礼**：富有却能好礼。
6. **兴观群怨**：感发志气，考见得失，和睦乐群，抒寄哀怨。
7. **徒具虚文**：仅仅备有不切实际的仪式或礼节。

## 要句精析

1. **如切如磋，如琢如磨。**

   句旨：进德当精益求精。

2. **赐也，始可与言《诗》已矣！告诸往而知来者。**

   句旨：端木赐能举一反三，推悟有得。

3. **诗可以兴、可以观、可以群、可以怨；迩之事父，远之事君；多识于鸟兽之名。**

   句旨：孔子指出学诗之益处。

4. **诵诗三百，授之以政，不达；使于四方，不能专对，虽多，亦奚以为？**

   **句旨：学诗贵在通达应用。**

**5. 君子笃于亲，则民兴于仁；故旧不遗，则民不偷。**

句旨：不遗弃故交旧好，民情风俗便不至于浅薄。

**6. 与其不逊也，宁固。**

句旨：与其失礼不谦逊，宁可居于鄙陋。

**7. 人而不仁，如礼何？人而不仁，如乐何？**

句旨：礼乐的根本在于“仁”。

**8. 礼云礼云，玉帛云乎哉？乐云乐云，钟鼓云乎哉？**

句旨：礼乐的精神在于“敬”与“和”，而不是外在的虚文。

# 九、论教育

（选十一章）

**一至四章：表明孔子有教无类的精神。**

**1. 【章旨】 孔子自述对来学者无不加以教诲。**

【原文】 子曰："自行束脩以上[(1)]，吾未尝无诲焉[(2)]。" ——《述而》

【今译】 孔子说："［只要］愿意亲自送来十条干肉［作为薄礼］的人，我从来没有不教诲的。"

【注释】

（1）行：实行，做到。束脩："脩（xiū 休）"，干肉。束脩，是指捆在一起的一束干肉，每束十条，古代人们常用来作为见面的薄礼。

（2）未尝：未曾，从来没有。

**2. 【章旨】 记孔子赞许洁身自好之人，以成就后学。**

【原文】 互乡难与言[(1)]。童子见，门人惑[(2)]。子曰："与其进也[(3)]，不与其退也，唯何甚[(4)]？人洁己以进，与其洁[(5)]也，不保其往也[(6)]。"

——《述而》

【今译】 互乡这个地方的人很难交谈。［但］互乡的一个儿童却受到孔子的接见，弟子们都疑惑不解。孔子说："我是赞许他向前进，而不是赞成他往后退的。［做事］何必做得太过分呢？人家使自己清洁以求进步，我是赞许他的清洁，而不管他以往的行为。"

【注释】

（1）互乡：地名。

（2）惑：疑惑。

（3）与：赞许，赞成，肯定；进，上进。此句是赞许其有上进之心。

（4）唯何甚：唯，叹词；何甚，意思是何必拒绝人太甚。

（5）洁己：修洁自己，即"洁身自好"之意。

（6）不保其往："保"，同"守"，此处引申为追究、纠缠；往，过去。此句意为不追究其过去行为的好坏。

**3.【章旨】　孔子指出：人皆有可取之处。**

【原文】　子曰："不得中行而与之(1)，必也狂狷乎(2)！狂者进取，狷者有所不为也。"

——《子路》

【今译】　孔子说："找不到言行合于中庸之道的人与他交往，那一定是要同狂者和狷者交往了。狂者有进取心，敢作敢为；狷者拘谨，洁身自好，绝不肯做坏事。"

【注释】

（1）中行：合乎中庸之道的言行。与：相与，交往，来往；向他传道，同他共事。

（2）狂：指志向高远，纵情任性，骄傲自大，但勇往直前，敢作敢为，有进取精神。狷（juàn 倦）：指为人耿直拘谨，洁身自好，安分守己，不求有所作为亦绝不肯同流合污。

**4.【章旨】　孔子表明受教育机会均等。**

【原文】　子曰："有教无类(1)。"　——《卫灵公》

【今译】　孔子说："对谁都进行教育，不分［贫富、智愚的］类别。"

【注释】

（1）无类：不分类，没有富贵与贫贱、天资优劣智愚、等级地位高低、地域远近、善恶不同等的区别与限制。孔子提倡全民教育，希望教育所有的人而同归于善。他的弟子中，富有的（如冉有，子贡），贫穷的（如颜回，原思），地位高的（如孟懿子为鲁国贵族），地位低的（如子路为卞之野人），鲁钝一点的（如曾参），愚笨一点的（如高柴），各种人都有。

**五至六章：表明孔子能因材施教。**

**5.【章旨】　孔子论述：教育人，应当根据其资质而进行教导。**

【原文】　子曰："中人以上，可以语上也(1)；中人以下，不可以语上也。"

——《雍也》

【今译】　孔子说："对有中等水平以上才智的人，可以讲高深的知识学问；对中等水平以下才智的人，不可以讲那些高深的知识学问。”

【注释】

（1）语：告，讲，说。

**6.【章旨】 记述孔子施教，或退或进，做到因材施教。**

【原文】 子路问：“闻斯行诸[1]？”子曰：“有父兄在，如之何其闻斯行之？”冉有问：“闻斯行诸？”子曰：“闻斯行之。”公西华曰：“由也问‘闻斯行诸’，子曰‘有父兄在’；求也问‘闻斯行诸’[2]，子曰‘闻斯行之’。赤也惑[3]，敢问。”子曰：“求也退[4]，故进之；由也兼人[5]，故退之。”

——《先进》

【今译】 子路问：“听到了道理就马上行动吗？”孔子说：“有父兄在，如何能［不请示父兄］马上行动呢？”冉有问：“听到了道理就马上行动吗？”孔子说：“听到了就马上行动。”公西华［问孔子］说：“仲由问‘听到了就马上行动吗’，您说‘有父兄在’；冉求问‘听到了就马上行动吗’，您却说‘听到了就马上行动’。这使我迷惑，所以大胆地问问［为何回答不同］。”孔子说：“冉有做事畏缩不前，所以要鼓励他大胆前进一步；仲由生性好胜，所以要抑制约束他，使他懂得退让的道理。”

【注释】

（1）斯：代词，这里代指道理，义理，应该做的事。诸：“之乎”二字合音。

（2）求：即冉有，名求，字子有，也称冉有。

（3）赤：即公西华，名赤，字子华，也称公西华。

（4）退：退缩不前。

（5）兼人：即“胜人”，指勇气过人。

**七至十章：表明孔子教人，或唯恐不尽，或注重启发，或行不言之教、不屑之教，诚所谓“教亦多术”。**

**7.【章旨】 孔子自谦无知，但能竭诚教人。**

【原文】 子曰：“吾有知乎哉？无知也。有鄙夫问于我[1]，空空如也。我叩其两端而竭焉[2]。”

——《子罕》

【今译】 孔子说：“我有知识吗？没有知识。有位乡下人问我［一些问题］，我脑子里像是空空的；可是我询问了［那些问题的］正反两方面，就完全有了［答案］。”

【注释】

（1）鄙夫：这里指乡村的人。“鄙”，周制，以五百家为“鄙”，后称小邑、边邑为“鄙”。

（2）叩：询问。两端：两头，指事情（问题）的正反、始终、本末等两个方面。竭：完全，穷尽。

**8.【章旨】 孔子自述教学重在启发，勉励学生自动求进，触类旁通。**

【原文】 子曰：“不愤不启（1），不悱不发（2）。举一隅不以三隅反（3），则不复也（4）。”

——《述而》

【今译】 孔子说：“［教学生］不到他冥思苦想而仍领会不了的时候，不去开导他；不到他想说而又说不出来的时候，不去启发他。告诉他［方形的］一个角，他不能由此推知另外三个角，就不要再重复去教他了。”

【注释】

（1）愤：心求通而未得。思考问题有疑难之处，苦思冥想，而仍然没想通，仍然领会不了的样子。启：开启之意。

（2）悱（fěi 匪）：想说而不能明确地表达，说不出来的样子。发：启发。

（3）隅（yú 鱼）：角落，角，这里比喻从已知的一点，去进行推论，由此及彼，触类旁通。这句就是成语：“举一反三”和“启发”一词的由来。

（4）复：再告诉，重复。

**9.【章旨】 孔子行不言之教，以示门人求学要身体力行，不可专在言语上寻求。**

【原文】 子曰：“予欲无言。”子贡曰：“子如不言，则小子何述焉（3）？”子曰：“天何言哉？四时行焉（1），百物生焉（2），天何言哉？” ——《阳货》

【今译】 孔子说：“我想不说话了。”子贡说：“您如果不说话，那么弟子们还传述什么呢？”孔子说：“天何尝说话呢？四季照样运行不息，各种动植物照样发育生长。天何尝说话呢？”

【注释】

（1）四时：指春、夏、秋、冬四季。四时行焉，指春夏秋冬四季依序运行。

（2）百物生焉：百物，指万物。百物生焉，指万物生生不息。

（3）小子何述：述，即“遵循”。这里是指子贡恐怕孔子不说话，弟子无所遵循。

**10.【章旨】 记孔子对孺悲施以不屑之教诲。**

【原文】 孺悲欲见孔子[(1)]，孔子辞以疾[(2)]。将命者出户[(3)]，取瑟而歌，使之闻之[(4)]。 ——《阳货》

【今译】 孺悲想见孔子，孔子推辞说有病。传话的人出了门，[孔子]拿过瑟来又弹又唱，[故意]让孺悲听到。

【注释】

（1）孺悲：鲁国人，鲁哀公曾派孺悲向孔子学习士丧礼，孔子这次为何不愿见孺悲，原因不明。

（2）辞以疾：推辞有病，不接见。

（3）将命者：传话的人。

（4）使之闻之：使孺悲听到歌声，知道并非孔子有病，是不愿见他。

**十一章：表明孔子教学，兼重知识与德行，且以德行为本。**

**11.【章旨】 孔子教人学文、修行、忠诚信用。**

【原文】 子以四教：文[(1)]、行[(2)]、忠[(3)]、信[(4)]。 ——《述而》

【今译】 孔子从四个方面教育学生：历史文献，行为规范，忠诚老实，讲究信用。

【注释】

（1）文：文化知识，历史文献，诗书六艺之文。

（2）行：行为规范，道德修养，社会实践。

（3）忠：忠诚老实。

（4）信：讲信用，言行一致。

## 成语集锦

1. **叩其两端**：反问他事情的始终、本末等。
2. **不保其往**：不必追究其过去行为的好坏。
3. **洁己以进**：洁身自好，前来请教。
4. **有所不为**：不该做的事，应笃守善道，坚决不为。
5. **有教无类**：不分贫富、贵贱、智愚，皆一视同仁，加以教诲。
6. **空空如也**：诚恳的样子。后比喻什么都没有。

7. **不愤不启**：不到无法领会的时候，不会去开导他。
8. **不悱不发**：不到不能表达的时候，就不去启发他。
9. **举一反三**：提示一个角，可以类推出其他三个角来，比喻触类旁通。
10. **因材施教**：根据其才能而施以不同的教导。
11. **不屑之教**：不值得教诲。

## 要句精析

1. **子曰："自行束脩以上，吾未尝无诲焉。"**
   句旨：孔子有教无类。
2. **与其进也，不与其退也，唯何甚！人洁己以进，与其洁也，不保其往也。**
   句旨：孔子与人为善，不咎既往。
3. **孔子不得中行而与之，必也狂狷乎。**
   句旨：说明人皆有可取之处。
4. **求也退，故进之；由也兼人，故退之。**
   句旨：孔子因材施教。
5. **吾有知乎哉？无知也。有鄙夫问于我，空空如也；我扣其两端而竭焉。**
   句旨：孔子自谦无知，但教人唯恐不尽。
6. **举一隅，不以三隅反，则不复也。**
   句旨：孔子对举一不能反三的学生，不再教导。
7. **子曰："天何言哉？四时行焉，百物生焉，天何言哉？"**
   句旨：求学不可专在言语上寻求，要身体力行。
8. **孺悲欲见孔子，孔子辞以疾。将命者出户，取瑟而歌，使之闻之。**
   句旨：孔子对孺悲施以警示教育。

# 十、论政治

（选十五章）

**一至四章：论述为政当以“德”、“教”、“礼”、“乐”为主，以期使众人受到感化，以收到“近悦远来”之效果。**

**1.【章旨】 孔子论述用道德礼教治国，比用政令刑罚更能引导人民向善。**

【原文】 子曰：“道之以政[1]，齐之以刑[2]，民免而无耻[3]；道之以德，齐之以礼，有耻且格[4]。”

——《为政》

【今译】 孔子说：“用行政命令来治理，用刑法来处罚，人民虽然能避免犯罪，但还不是从心里知道［犯罪］是可耻的；用道德教化来治理，用礼来约束，人民就会有羞耻之心，而且会［自觉地］改过。”

【注释】

（1）道：同“导”，即“治理，引导”。

（2）齐：整治，约束，统一。

（3）免：避免，指避免犯错误。无耻：做了坏事，心里不知羞耻，没有（或缺乏）羞耻之心。

（4）格：正，纠正。

**2.【章旨】 孔子说明治国以礼让为本。**

【原文】 子曰：“能以礼让为国乎[1]？何有[2]？不能以礼让为国，如礼何？”

——《里仁》

【今译】 孔子说：“能够以礼让［的原则］来治理国家，那还有什么困难呢？［如果］不能以礼让来治国，只有礼的虚文，礼又有什么用呢？”

【注释】

（1）礼让：礼仪与谦让。为国：治国。

（2）何有：有何，有什么，这里指还有什么困难。

**3.【章旨】 孔子见子游能以礼乐治武城，流露出心中的喜悦。**

【原文】 子之武城[1]，闻弦歌之声。夫子莞尔而笑[2]，曰："割鸡焉用牛刀？"子游对曰："昔者偃也闻诸夫子曰[3]：'君子学道则爱人，小人学道则易使也。'"子曰："二三子，偃之言是也。前言戏之耳[4]。"——《阳货》

【今译】 孔子到了武城，听见弹琴唱歌的声音。孔子微笑，说："杀鸡何必用宰牛的刀呢？"子游接过话茬说："过去我听老师说：'在上位的人学了道，就能惠爱百姓；一般老百姓学了道，就容易役使了。'"孔子［对随从的弟子］说："诸位，言偃说的话是对的。［我］刚才说的话不过是开玩笑罢了。"

【注释】

（1）武城：鲁国的一个小城邑。在今山东省嘉祥县境；一说，指南武城，在今山东省费县西南，公元前554年，鲁襄公筑武城以御齐；另说，即城武县，在今山东省菏泽市西北七十里，当时，言偃（子游）任武城行政长官。

（2）莞（wǎn 晚）尔：微笑的样子。

（3）诸："之于"的合音。

（4）戏：开玩笑，逗趣。

**4.【章旨】 孔子以"近说远来"答叶公问政。**

【原文】 叶公问政[1]。子曰："近者说，远者来[2]。" ——《子路》

【今译】 叶公问怎样为政。孔子说："使近处的人民感到喜悦，远处的人民来投奔归附。"

【注释】

（1）叶公：姓沈，名诸梁，楚国大夫。

（2）近者说，远者来："说"，通"悦"。此句意指：近处的百姓被其恩泽而悦服，远方之百姓闻其德政而来归附。

**五至七章：论述施政首先须正名分，然后才能做成事。**

**5.【章旨】 孔子教子路为政之道。**

【原文】 子路曰："卫君待子而为政[1]，子将奚先[2]？"子曰："必也正名乎[3]！"子路曰："有是哉，子之迂也[4]，奚其正？"子曰："野哉，由也！君子于其所不知，盖阙如也[5]。名不正则言不顺，言不顺则事不成，事不成则礼乐不兴，礼乐不兴则刑罚不中[6]，刑罚不中则民无所错手足[7]。故君子名之必可言也，言之必可行也。君子于其言，无所苟而已矣[8]。"

——《子路》

【今译】 子路［对孔子］说："［假如］卫国国君等待您去治理国家，您将要先做什么事呢？"孔子说："必须先正名分吧。"子路说："有这样做的吗？您太迂了，为什么要正名分呢？"孔子说："真粗野鲁莽啊，仲由！君子对自己所不知道的事情，大概总得抱着存疑的态度吧。［如果］名分不正，言语就不顺；言语不顺，事情就办不成；事情办不成，国家的礼乐制度就不能兴建起来；礼乐制度兴建不起来，刑罚的执行就不会恰当；刑罚执行不恰当，人民就手足失措。所以，君子确定名分就一定能够说（得起）话，说了的话就一定能够执行。君子对自己所说的话，不能有一点随便马虎。"

【注释】

（1）卫君：卫出公蒯辄，他与父亲争位，引起国内混乱。所以孔子主张，要治理卫国，必先"正名"，以明确"君君臣臣父父子子"的关系。

（2）奚：何，什么。奚先：何者为先。

（3）正名：纠正礼制名分上的用词不当，正确地确定某个人的名分。"正"，纠正，改正。"名"，名分，礼制上的人的名义、身份、地位、等级等。

（4）迂（yū 淤）：迂腐；拘泥守旧，不切实际。

（5）阙如：存疑；对还没搞清楚的疑难问题暂时搁置，不下判断；对缺乏确凿根据的事，不武断，不妄说。"阙"，同"缺"。

（6）中（zhòng 众）：得当，恰当，适合，符合。刑罚不中：刑罚因不合理而失当。

（7）错：同"措"，意思是"放置，安排，处置"。

（8）苟（gǒu 狗）：苟且，随便，马虎。

**6.【章旨】 孔子告诉齐景公，治国之道在于明白人伦。**

【原文】 齐景公问政于孔子[(1)]，孔子对曰："君君、臣臣、父父、子子[(2)]。"公曰："善哉！信如[(3)]君不君，臣不臣，父不父，子不子，虽有粟，吾得而食诸？"

——《颜渊》

【今译】 齐景公向孔子问如何治理国家，孔子回答说："君要像君的样子，臣要像臣的样子，父要像父的样子，子要像子的样子。"齐景公说："很好啊！果真是君不像君，臣不像臣，父不像父，子不像子，虽然有粮食，我能得到而享受吗？"

【注释】

（1）齐景公：姓姜，名杵臼（chǔ jiù 楚旧），齐庄公异母弟。公元前 547 年—前 490 年在位。鲁昭公末年，孔子到齐国时，齐大夫陈氏权势日重，而齐景公爱奢侈，多内嬖，厚赋敛，施重刑，不立太子，不听从晏婴的劝谏，国内整治混乱。所以，当齐景公问政时，孔子作了以上的回答。齐景公虽然口头上赞许同意孔子的意见，却未能真正采纳实行，为君而不尽君道，后来齐国终于被陈氏篡夺。

（2）君君、臣臣、父父、子子：“君”、“臣”、“父”、“子”，首字为主语，次字为谓语。意思是：为君者尽君道，为臣者尽臣道，为父者尽父道，为子者尽子道。

（3）信如：诚如，是说假如真的是这样子的话。

**7.【章旨】 孔子告诫人勿越职侵权。**

【原文】 子曰：“不在其位，不谋其政[(1)]。” ——《泰伯》

【今译】 孔子说：“不在那个职位上，就不要过问那方面的政事。”

【注释】

（1）谋：参与，考虑，谋划。

**八章：论述施政当具有远大目标。**

**8.【章旨】 孔子告诉子夏，为政不可急于求成，不可贪图小利。**

【原文】 子夏为莒父宰[(1)]，问政。子曰：“无欲速[(2)]，无见小利。欲速则不达，见小利则大事不成。” ——《子路》

【今译】 子夏到莒父当地方长官，问怎样为政。孔子说：“不要求速成，不要贪图小利。想求速成，反而达不到目的；贪图小利，就做不成大事。”

【注释】

（1）莒父（jǔ fǔ 举甫）：鲁国城邑名，在今山东省莒县境内；一说，在高密县东南。宰：邑宰，即地方官。

（2）欲速：想要事情快速办成。

**九至十一章：论述在位者当以身作则，以带动百姓。**

**9.【章旨】 孔子告诉子路，为政之道在于以身作则，勤劳民事，并持久不懈。**

【原文】 子路问政。子曰：“先之[(1)]，劳之[(2)]。”请益。曰：“无倦。”

——《子路》

【今译】 子路问怎样为政。孔子说：“先要领头去干，带动老百姓都勤劳地干。”［子路］请求多讲一点。［孔子］说：“永远不要松懈怠惰。”

【注释】

（1）先之：指为政者身体力行，凡事率先垂范，以身作则。“之”，代词，指百姓。

（2）劳之：这里指为政者亲身去干，以自身的“先劳”，带动老百姓都勤劳地干，虽勤而无怨。

**10.【章旨】 孔子告诉季康子，为政者必先正己，以身作则，然后始能正人。**

【原文】 季康子问政于孔子。孔子对曰：“政者，正也。子帅以正，孰敢不正？”

——《颜渊》

【今译】 季康子向孔子问怎样为政。孔子回答说：“政，就是正。你带头走正道，谁敢不走正道？”

**11.【章旨】 孔子论述为政者应以修身正己为先。**

【原文】 子曰：“其身正，不令而行；其身不正，虽令不从。”

——《子路》

【今译】 孔子说：“本身品行端正，就是不发命令，人民也会照着去做；本身品行不正，即使发布命令，人民也不会听从。”

**十二至十三章：论述施政当举贤远佞。**

**12.【章旨】 孔子答鲁哀公之问，认为能“用贤去邪”则民服。**

【原文】 哀公问曰[(1)]：“何为则民服[(2)]？”孔子对曰：“举直错诸枉[(3)]，则民服；举枉错诸直，则民不服。”

——《为政》

【今译】 鲁哀公问：“怎样做才能使人民服从呢？”孔子回答说：“选拔正直的人，安排的位置在邪恶的人之上，人民便服了；选拔邪恶的人，安排的位置在正直的人之上，人民就不服了。”

【注释】

（1）哀公：鲁国鲁定公的儿子，姓姬，名蒋，“哀“是死后的谥号。在位二十七年（公元前 494 年—公元前 466 年）。

（2）何为：怎样做，做什么。

（3）举：选拔，推举。直：正直的、正派的人。错：同“措”，即“放置，安排”；一说，废置，舍弃。诸：“之于”的合音。枉：不正直，不正派，邪恶的人。

**13.【章旨】 孔子教导仲弓，为政要能知人善任。**

【原文】 仲弓为季氏宰，问政。子曰：“先有司，赦小过，举贤才。”曰：“焉知贤才而举之？”曰：“举尔所知；尔所不知，人其舍诸[(1)]？”

——《子路》

【今译】 仲弓担任季氏的私邑总管，问怎样为政。孔子说：“［凡事］要带头，引导手下管事的众官吏去做，宽赦他们的小错误，推举贤良的人才。”［仲弓］说：“怎么能知道谁是贤才而选拔他们呢？”孔子说：“选拔你所知道的；你所不知道的，别人难道能不推举他吗？”

【注释】

（1）舍：舍弃，放弃，这里指不推举。诸：“之乎”二字的合音。

**十四至十五章；论述施政当求富民强国，然后施行教化，而以能得人民之信服为最重要。**

**14.【章旨】 孔子教导冉有，治民之道在于先富后教。**

【原文】 子适卫[(1)]，冉有仆[(2)]。子曰：“庶矣哉[(3)]！”冉有曰：“既庶矣，又何加焉[(4)]？”曰：“富之。”曰：“既富矣，又何加焉？”曰：“教之[(5)]。”

——《子路》

【今译】 孔子到卫国去，冉有驾车。孔子说：“［这儿］人真多啊！”冉有说：“人已经多了，又该怎么办呢？”［孔子］说：“让他们富裕起来。”［冉有］说：“已经富裕了，又该怎么办呢？”［孔子］说：“教育他们。”

【注释】

（1）适：往，到，去。

（2）仆：驾车。

（3）庶（shù 树）：众多，这里指卫国人口众多。

（4）何加：即“加何”，意思是增加什么，进一步干什么、办什么。

（5）教：教育，教化。孔子主张“先富而后教”。

**15.【章旨】 孔子告诉子贡为政之道有三，而以民信为首要。**

【原文】 子贡问政。子曰：“足食，足兵[(1)]，民信之矣。”子贡曰：“必不得已而去，于斯三者何先？”曰：“去兵。”子贡曰：“必不得已而去，于斯二者何先？”曰：“去食。自古皆有死，民无信不立。” ——《颜渊》

【今译】 子贡问怎样治理国家。孔子说：“有充足的粮食，有充足的军备，人民信任政府啊。”子贡说：“不得已一定要去掉一项，在这三项中哪一项先去掉呢？”［孔子］说：“去掉军备。”子贡说：“不得已一定要再去掉一项，在［剩下的］这两项中去掉哪一项呢？”［孔子］说：“去掉粮食。自古以来人都是要死的，但如果人民对政府不信任，［国家政权］ 是立不住的。”

【注释】

（1）兵：兵器，武器，这里指军备。

## 成语集锦

1. **牛刀割鸡**：治理小邑不必用礼乐之道。后比喻大材小用。
2. **近悦远来**：近处的百姓被其恩泽而悦服，远方之百姓闻其德政而来归附。
3. **名正言顺**：名分正当，说话合理、有充分理由。
4. **手足无措**：比喻不知怎样做才好。
5. **欲速不达**：想要求得速效，反而不能达到预期的目标。
6. **先之劳之**：以身作则，并为民事而勤劳去做。
7. **举直错枉**：举用正直之士，罢黜邪曲之人。
8. **有耻且格**：人民不仅有羞耻之心，而且遵从教导以达到善的境界。

## 要句精析

1. **道之以政，齐之以刑，民免而无耻；道之以德，齐之以礼，有耻且格。**

   句旨：用道德礼教治国，远胜用政令刑罚。
2. **名不正则言不顺，言不顺则事不成，事不成则礼乐不兴。**

   句旨：施政首先要正名分，然后才能做成事。
3. **子夏为莒父宰，问政，子曰："无欲速，无见小利。欲速则不达，见小利则大事不成。"**

   句旨：为政不可急功近利，应眼光长远，从大处着想。
4. **先之劳之。**

   句旨：以身作则，为民事勤劳。
5. **政者，正也，子帅以正，孰敢不正？**

   句旨：为政者必先正己，然后方能正人。
6. **其身正，不令而行；其身不正，虽令不从。**

   句旨：为政者应以修身正己为先。
7. **举直错诸枉，则民服；举枉错诸直，则民不服。**

   句旨：用贤去邪则民服。
8. **去兵、去食。自古皆有死，民无信不立。**

   句旨：为政之道，以民信为首要。

# 十一、孔门弟子

（选十五章）

**此章反映了孔子感叹自己的理想、抱负已无法亲自去实现，而欲传道于后人，对弟子抱有很大期望。**

**1.【章旨】 孔子在陈思归、欲以裁成弟子。**

【原文】 子在陈曰[(1)]：“归与[(2)]！归与！吾党之小子狂简[(3)]，斐然成章[(4)]，不知所以裁之[(5)]。”

——《公冶长》

【今译】 孔子在陈国时，说：“回去吧！回去吧！我们家乡的学生们，志向远大，心气挺高，而行为粗率简单，文采都有可观的成就，我不知道该怎样去节制、指导他们。”

【注释】

（1）陈：春秋时的古国，商殷灭亡后，周武王找到了舜的后代妫满，封他于陈，其地约在今河南省东部（开封市以东）、安徽省北部（亳县以北）一带，故都在宛丘（今河南省淮阳县）。春秋末年，陈国被楚国所灭。

（2）与：同“欤”，语气助词。归与：回去吧！

（3）吾党：我的故乡（鲁国）。古代五百家为一党。狂简：志大而疏略于事理。“狂”，指心气很高，志向远大；“简”，指行为粗率，简单化，做法不高明。

（4）斐然：“斐（fěi 匪）”，本义指五色错杂，形容有文采的样子。章：花纹，文采，引申为文学、文章。

（5）裁：节制，控制，这里有“指导”的意思。《史记·孔子世家》有“吾不知所以裁之”，由此推断，文中省略的主语应是“吾”。

**此章表明孔子追思曾与之共患难的弟子，皆一时英才，故夫子不能忘情。**

**2.【章旨】 孔子追思曾与之共患难的弟子。**

【原文】 子曰：“从我于陈、蔡者[(1)]，皆不及门也[(2)]。” 德行[(3)]：颜渊、闵子骞、冉伯牛、仲弓。言语(4)：宰我、子贡。政事(5)：冉有、季路。文学(6)：子游、子夏。

——《先进》

【今译】 孔子说："曾经随从我在陈国、蔡国的弟子们，现在都不在我的门下了。"论德行，[弟子中优秀的有:]颜渊、闵子骞、冉伯牛、仲弓。论言语，[弟子中擅长的有:]宰我、子贡。论政事，[弟子中能干的有:]冉有、季路。论文学，[弟子中出色的有:]子游、子夏。

【注释】

(1)"从我……"：公元前489年(鲁哀公四年，当时孔子六十一岁)，孔子周游列国，率领弟子们从陈国去蔡国。途中，楚国派人来聘请孔子，孔子将往楚国拜礼。陈、蔡大夫怕与己不利，便派徒役在郊野围困孔子。孔子和弟子们断粮七天，许多人饿得不能行走，后由子贡去楚国告急，楚昭王派兵前来迎孔子，才获解救。当时随从孔子的弟子有子路、子贡、颜回等。公元前484年，孔子返回鲁国后，子路、子贡等先后离开，有的做了官，诱导回老家，颜回也病死了。孔子时常想念那些在艰难困苦中跟随他的弟子们。

(2)不及门："门"，指学习、受教育的场所；"及"，在，到。不及门，指到不了、不在他的门下受教育；一说，是"不及仕进(卿大夫)之门"，"孔子弟子无仕陈蔡者"。

(3)德行：指能实行"忠恕"、"仁爱"、"孝悌"的道德。

(4)言语：指长于应对辞令、办理外交。

(5)政事：指管理国家，从事政务。

(6)文学：指通晓西周文献典籍。

**三至七章：表明孔子赞赏颜渊的道德修养与好学精神，并对其英年早逝深感惋惜之意。**

**3.【章旨】 孔子称赞颜回三月不违仁，以警勉其他弟子。**

【原文】 子曰："回也，其心三月不违仁(1)，其馀，则日月至焉而已矣(2)。"

——《雍也》

【今译】 孔子说："颜回啊，他的心可以在长时间内不违背仁德，其余的[弟子们]只能在短时间内做到仁德而已。"

【注释】

(1)三月：不是具体指三个月，而是泛指较长的时间。

(2)日月：一天，一月，泛指较短的时间，偶尔。至：达到，做到。

**4.【章旨】 孔子赞美颜回能安贫乐道。**

【原文】 子曰："贤哉，回也！一箪食[(1)]，一瓢饮[(2)]，在陋巷，人不堪[(3)]其忧，回也不改其乐。贤哉，回也！" ——《雍也》

【今译】 孔子说："品德好呀，颜回啊！一竹筒子饭，一瓢水，住在简陋狭小的巷子里，一般人都忍受不了这种困苦忧愁，颜回却不改变他［爱学乐善］的快乐。品德好呀，颜回啊！"

【注释】

（1）箪（dān 丹）：古代盛饭食用的一种圆形竹器。食（sì 四）：饭。

（2）瓢：将葫芦剖开制成的舀水器具。饮：指汤水。

（3）不堪：不能忍受。

**5.【章旨】 孔子赞美颜回能勤学不懈怠。**

【原文】 子曰："语之而不惰者[(1)]，其回也与[(2)]！" ——《子罕》

【今译】 孔子说："教导他后而能身体力行不懈怠的，大概只有颜回吧！"

【注释】

（1）惰：懈怠，不恭敬。

（2）其：表示揣测、反诘，即"莫非，难道，也许"。与：同"欤"，语气助词。

**6.【章旨】 孔子答鲁哀公之问，嘉许颜回好学，并深惜其短命而死。**

【原文】 哀公问："弟子孰为好学？"孔子对曰："有颜回者好学，不迁怒[(1)]，不贰过[(2)]，不幸短命死矣。今也则亡[(3)]，未闻好学者也。"——《雍也》

【今译】 鲁哀公问："［你的］学生中谁是爱好学习的呢？"孔子回答："有一个叫颜回的，很好学，［他从来］不拿别人出气，不犯同样的过错。［但］不幸短命死了。现在就没有那样的人了，没听到有好学的人啊。"

【注释】

（1）迁怒：指自己不如意时，对别人发火生气；或受了甲的气，却转移目标，拿乙出气。"迁"，转移。

（2）贰：再一次，重复。

（3）亡：同"无"。

**7.【章旨】 孔子追惜颜回，称其奋进不已。**

【原文】 子谓[(1)]颜渊曰："惜乎[(2)]！吾见其进也，未见其止也。" ——《子罕》

【今译】 孔子谈到颜渊，［感叹］说："真可惜呀［他不幸死了］！我只看到他不断前进，从来没见他停止过。”

【注释】

（1）谓：谈论到。

（2）惜乎：惜，可惜。颜渊死后，孔子追念而惋惜之。

**八章：赞许颜渊德才俱备，行藏得宜，非一般负才使气者可比；并告诫子路行军取胜之道。**

**8.【章旨】 孔子赞许颜回能“用行舍藏”，并告诫子路勿逞血气之勇。**

【原文】 子谓颜渊曰：“用之则行，舍之则藏[1]，唯我与尔有是夫！”子路曰：“子行三军[2]，则谁与[3]？”子曰：“暴虎冯河[4]，死而无悔者，吾不与也。必也临事而惧，好谋而成者也。” ——《述而》

【今译】 孔子对颜渊说：“用我，我就去干；不用我，就隐藏起来。只有我和你能够做到这样吧！”子路［在一旁插言］说：“［老师］您如果统帅三军［去作战］，那么，您要和谁在一起呢？”孔子说：“赤手空拳要和老虎搏斗，没有船要趟水过大河，［这样做］死了都不知后悔的人，我不和他在一起。［我要共事的人］必须是遇事小心谨慎，严肃认真，善于筹划谋略而能争取成功的人。”

【注释】

（1）舍：不用，舍弃。藏：隐退修身。

（2）行：视，居……之位，这里的意思是指挥，统帅。三军：当时一个大国的所有军队。每军一万二千五百人，三军相当于三万七千五百人。

（3）与：在一起，共事。

（4）暴虎冯河：“暴”，徒手搏击，句中指赤手空拳与老虎搏斗。“冯（píng平）”，涉水，句中指无船而徒步趟水过大河。暴虎冯河，用来比喻那种有勇无谋，冒险行事，而往往导致失败的人。

**九至十二章：表明子路之勇与信。**

**9.【章旨】 记子路勇于力行。**

【原文】 子路有闻，未之能行，唯恐有闻[1]。 ——《公冶长》

【今译】 子路听到某一道理，在还没实行的时候，唯恐又听到另一个道理，［怕来不及实行］。

【注释】

(1)有：同“又”。

10.【章旨】 **记孔子赞美子路能取信于人，并记述子路勇于信守承诺。**

【原文】 子曰：“片言可以折狱者[1]，其由也与！”子路无宿诺[2]。

——《颜渊》

【今译】 孔子说：“仅根据［诉讼双方之中］一方的言辞，就可以断案的，大概只有仲由吧！”子路没有过夜而不兑现的诺言。

【注释】

(1)片言：指诉讼双方中一方的片面言辞。“片”：单方面的。折：断，判断，区别是非曲直。狱：讼事，案件。

(2)无宿诺：没有过宿隔夜的诺言，没有拖延而不实现的许诺。“宿”：隔夜。

11.【章旨】 **孔子感叹不能行道于中国，戏言欲与子路共浮于海，以子路不解己之微言，因赞美其勇，而告诫其不能裁度事理。**

【原文】 子曰：“道不行，乘桴浮于海[1]，从我者[2]，其由与[3]！”子路闻之喜。子曰：“由也好勇过我，无所取材[4]。” ——《公冶长》

【今译】 孔子说：“我的道得不到实行，就乘木筏漂到海上去。能跟随我的人，可能只有仲由吧！”子路听了这话很高兴。孔子又说：“仲由啊，争强好勇超过了我，只是还不能裁度事理。”

【注释】

(1)桴(fú扶)：用竹或木编成当船用的水上交通工具，大的叫“筏”，小一点的叫“桴”。

(2)从：跟从，跟随。

(3)其：语助词，表示揣测，“大概，可能”的意思。与：同“欤”，语助词，表示疑问，与“乎”同。

(4)材：同“哉”；一说，同“才”，才能，本领；另说，同“裁”，裁度事理。

12.【章旨】 **孔子赞美子路能不以贫富动其心，并勉励其精益求精。**

【原文】 子曰：“衣敝缊袍[1]，与衣狐貉者立[2]，而不耻者，其由也与？‘不忮不求，何用不臧[3]？’”子路终身诵之。子曰：“是道也，何足以臧？”

——《子罕》

【今译】 孔子说："穿着破旧的丝棉袍子，同穿着狐貉皮袍子的人在一起站着，而不感到自卑惭愧的人，大概只有仲由吧？［《诗经》中说：］'不嫉妒别人，不贪求财物，什么行为能不好呢？'"子路听了经常背诵这两句诗。孔子说："做到这样固然是道之所在，［但］怎么能算得上十足的好呢？"

【注释】

（1）衣敝缊袍："衣"，做动词用，指"穿"；"敝"，破，坏；"缊（yùn运）"，指乱麻、旧棉絮。全句指穿着破旧的用乱麻掺旧棉絮做的袍子。

（2）衣狐貉者：穿着狐狸皮貉袍子的人，指富贵者。"貉（hé盒）"，狐狸，毛皮珍贵。

（3）"不忮……"：出自《诗经·邶风·雄雉》篇。"忮（zhì志）"：嫉妒别人。"求"：贪求财物。"何用""何行，什么行为。"臧（zāng脏）"：好，善。

**十三章：表明子路、子贡、冉有三个弟子皆有从政的才干。**

**13.【章旨】 孔子因季康子之问，分别说明子路、子贡、冉求有才能。**

【原文】 季康子问："仲由可使从政也与？"子曰："由也果，于从政乎何有[1]？"曰："赐也可使从政也与？"曰："赐也达，于从政乎何有？"曰："求也可使从政也与？"曰："求也艺，于从政乎何有？" ——《雍也》

【今译】 季康子问："仲由，可以让他做官从政吗？"孔子说："仲由果断勇敢，对于从政有什么困难呢？"［季康子］说："端木赐，可以让他从政做官吗？"［孔子］说："端木赐通达事理，对于从政有什么困难呢？"［季康子］说："冉求，可以让他从政做官吗？"［孔子］说："冉求，有许多才能，对于从政有什么困难呢？"

【注释】

（1）何有：有何困难。

**14.【章旨】 孔子引喻说明仲弓之德足以用世，指出父虽不善，不害于子之美。**

【原文】 子谓仲弓，曰："犁牛之子，骍且角[1]，虽欲勿用，山川其舍诸[2]？" ——《雍也》

【今译】 孔子谈论仲弓，说："耕牛生的一个小牛犊，长着整齐的红毛和周正的硬角，虽然不想用它［作为牺牲祭品］，山川之神怎么会舍弃它呢？”

【注释】

（1）“犁牛……”：“犁牛”，这里指杂色的耕牛；“子”，指小牛犊；“骍”，指赤色牛。周代崇尚赤色，祭祀用的牛，要求是长着红毛和端正长角的牛，不能用普通的耕牛来代替。这里用“犁牛之子”，比喻冉雍（仲弓）。据说冉雍的父亲是失去贵族身份的“贱人”，品行也不好。孔子认为，冉雍德行才学都好，子能改父之过，变恶为美，是可以做大官的（当时冉雍担任季氏的家臣）。

（2）山川：指山川之神，这里比喻君主或贵族统治者。其：表示反问的语助词，即“怎么会，难道，哪能”。舍：舍弃，不用。

**15.【章旨】 孔子赞美闵子骞之孝。**

【原文】 子曰：“孝哉闵子骞[(1)]！人不间于其父母昆弟之言[(2)]。”

——《先进》

【今译】 孔子说：“真孝顺啊，闵子骞！人们听了他的父母兄弟［称赞他孝顺］的话，都相信而没有异议。”

【注释】

（1）闵子骞：当时有名的孝子，被奉为尽孝的典范。他的孝行事迹被后人编入《二十四孝》。

（2）间：挑剔，找毛病。昆：兄。

## 成语集锦

1. **斐然成章**：形容很有文采。
2. **用行舍藏**：指被任用就出来做官，不被任用就隐退。
3. **临事而惧**：遇到事情而有所惧怕，比喻遇事要小心谨慎。
4. **好谋而成**：善用谋略而能成功。
5. **片言折狱**：只说一两句话，就能决断诉讼案件。形容以简明的话语判别是非。
6. **箪食瓢饮**：比喻生活节俭，饮食简单。
7. **暴虎冯河**：赤手空拳与虎搏斗，徒步涉水渡河。形容勇猛冒险。

**8. 不忮不求**：不嫉妒别人，也不贪求。比喻人的品性好。

## 要句精析

**1. 一箪食，一瓢饮，在陋巷，人不堪其忧。回也不改其乐。**

句旨：孔子赞美颜回能安贫乐道。

**2. 用之则行，舍之则藏。**

句旨：穷则独善其身，达则兼善天下。

**3. 暴虎冯河，死而无悔者，吾不与也。**

句旨：孔子告诫子路勿逞血气之勇。

**4. 子路有闻，未之能行，唯恐有闻。**

句旨：子路行善唯恐不及，勇于力行。

**5. 衣敝缊袍，与衣狐貉者立，而不耻者，其由也与！**

句旨：子路不因贫富而动其心。

**6. 不忮不求，何用不臧？**

句旨：不嫉妒、不贪求，行事无有不成。

**7. 犁牛之子，骍且角，虽欲勿用，山川其舍诸！**

句旨：孔子喻仲弓其父虽恶，但不能掩其贤才。

# 第二篇

# 《孟子》选读

（选五十七章）

## 《孟子》简介

| | |
|---|---|
| 作者 | 非出自一人，非辑于一时，可能是由弟子公孙丑、万章等人笔记，孟子润饰而成 |
| 内容 | （1）今《孟子》中有《梁惠王》、《公孙丑》、《滕文公》、《离娄》、《万章》、《告子》、《尽心》七篇，每篇分上下，计十四卷<br>（2）学说要旨：道性善，尊王贱霸，贵民轻君，先富后教，重仁义，轻功利，拒杨墨，放淫辞 |
| 流变 | （1）隋唐以前本属子书，《汉志》及《隋志》均列入子部儒家类<br>（2）北宋“二程”出，始与《论语》并列<br>（3）南宋光宗绍熙年间，黄唐合刊《十三经注疏》，《孟子》被正式收入，列为“十三经”之一 |
| 价值 | 为儒家的重要典籍。 |
| 注疏 | （1）今《十三经注疏》中，《孟子》为汉朝赵岐注，宋朝孙奭疏<br>（2）南宋朱熹著有《孟子集注》，清朝焦循著有《孟子正义》 |

# 一、孟子的抱负

（选三章）

**一至三章：表明孟子志在承继先圣之业，以期能平治天下，胸襟极为远大。**

**1.【章旨】 孟子论述世道艰难，邪说诬民，为正人心，拒邪僻，以继承先圣之道，因而不得不抗辩。**

【原文】 公都子曰[1]："外人皆称夫子好辩，敢问何也？"孟子曰："予岂好辩哉？予不得已也。天下之生[2]久矣，一治一乱[3]。当尧之时，水逆行[4]，泛滥于中国。蛇龙居之，民无所定[5]。下者为巢[6]，上者为营窟[7]。《书》曰：'洚水警余[8]。'洚水者，洪水也。使禹治之。禹掘地[9]而注之海，驱蛇龙而放之菹[10]。水由地中行[11]，江、淮、河、汉是也。险阻既远，鸟兽之害人者消，然后人得平土而居之[12]。尧舜既没，圣人之道衰，暴君代作[13]，坏宫室以为污池[14]，民无所安息；弃田以为园囿，使民不得衣食。邪说暴行又作，园囿、污池、沛泽多[15]而禽兽至。及纣之身，天下又大乱。周公相武王，诛纣伐奄[16]，三年讨其君，驱飞廉[17]于海隅而戮之，灭国者五十[18]，驱虎、豹、犀、象而远之，天下大悦。书曰：'丕显哉，文王谟！丕承哉，武王烈！佑启我后人，咸以正无缺[19]。'世衰道微，邪说暴行有作[20]，臣弑其君者有之，子弑其父者有之。孔子惧，作《春秋》。《春秋》，天子之事也[21]；是故孔子曰：'知我者，其惟《春秋》乎！罪我者，其惟《春秋》乎[22]！'圣王不作，诸侯放恣[23]，处士横议[24]，杨朱[25]、墨翟[26]之言盈天下。天下之言不归杨，则归墨。杨氏为我，是无君[27]也；墨氏兼爱，是无父也[28]。无父无君，是禽兽也[29]。公明仪[30]曰：'庖[31]有肥肉，厩[32]有肥马，民有饥色，野有饿莩[33]，此率兽而食人[34]也。'杨墨之道不息，孔子之道不著，是邪说诬民，充塞仁义也[35]。仁义充塞，则率兽食人，人将相食[36]。吾为此惧，闲[37]先圣之道，距[38]杨墨，放淫辞[39]，邪说者不得作。作于其心，害于其事；作于其事，害于其政。圣人复起，不易吾言矣。昔者禹抑[40]洪水而天下平，周公兼夷狄，驱猛兽而百姓宁，孔子成《春秋》而乱臣贼子惧。《诗》云：'戎狄是膺，荆舒是惩，则莫我敢承[41]。'无父无君，是周公所膺也。我亦欲正人心，息邪说，距诐行[42]，放淫辞，以承三圣者[43]，岂好辩哉？予不得已也。能言距杨墨者，圣人之徒也[44]。" ——《滕文公》下

【今译】 公都子说："外面的人都说您喜欢争辩，请问这是为什么呢？"孟子说："我哪里喜欢争辩呢？我是不得已的呀。自有人类以来，已经很久了。有治世，也有乱世。在尧的时代，洪水横流，在中国泛滥。蛇龙盘踞，老百姓不得安居。在低处的人在树上构巢，在高处的人就挖掘洞穴。《书经》说：'洚水警告我们。'所谓'洚水'，就是洪水。舜叫禹进行治理，禹开挖沟渎把洪水注入海里，驱赶蛇龙把它们放逐到沼泽里去。水从大地里流过，长江、淮河、黄河、汉水就是。险阻都排除了，鸟兽、害人的地方没有了，此后人们才能够在平地上居住下来。尧、舜去世以后，圣人的大道衰微下去。暴君代替他们兴起了。把房屋毁坏掉变成深池，弄得老百姓没有安息的地方；把田地废弃掉做成花园和围场，让老百姓得不到吃的和穿的。邪僻的学说和残暴的行为又兴盛起来；园林、深地、沼泽多起来，禽兽也就随着来了。到了纣王统治的时代，天下又大乱起来。周公辅佐武王，杀死纣王，征伐奄国，经过三年的时间才杀死奄国的国君，并把飞廉驱逐到海边杀掉了。武王消灭了五十个国家，并把虎、豹、犀牛、象等驱逐得远远的，天下人非常高兴。《书经》说：'宏大昭显啊！文王的谋略，伟大的继承啊！武王的功业。辅助启迪我们后来人，都能够走上正道而没有缺憾。'到了周的末世，世运又衰落起来，王道又微弱下去；邪僻的学说和残暴的行为又兴盛起来，臣杀君的人出现了，子杀父的人出现了。孔子忧惧起来，撰写了《春秋》这部书。《春秋》作为记录言行的史册，本来是天子分内的事情。所以孔子说：'知道我的人全在这部《春秋》里了，怪罪我的人也全在这部《春秋》里了。'现在圣王没有兴起，诸侯放肆恣意地横行，不任官职的士大夫到处游说，杨朱、墨翟的言论充满天下。天下的言论，不属于杨朱，就属于墨翟。杨氏主张为我，这是没有把君主放在眼里；墨氏主张兼爱，这是没有把父兄放在眼里。无视父兄，无视君主，这就是禽兽。公明仪说：'厨房里有肥肉，厩舍里有肥马，老百姓的脸上呈现出饥饿的颜色，旷野里有饿死的尸体，这简直是率领禽兽在吃人哪。'杨、墨学说不消声匿迹，孔子的学说就不能发扬；这样，邪僻的学说还在陷害老百姓，还在阻塞着走向仁义的道路。仁义的学说被阻塞，那就是在率领禽兽吃人，不仅如此，这样下去，人也将要吃起人来。我对这一点有所忧惧，起来捍卫先圣的学说，反对杨、墨的主张，批驳过甚的言辞，让那些倡导邪僻学说的人不能兴盛起来。邪僻的学说在人的心里兴起，就会妨害他的工作；在人的工作里兴盛起来，就会妨害政治。即使圣人再次出现，也不

会变更我的说法。从前，禹控制住洪水，天下就平定下来；周公兼并了夷狄，驱赶了猛兽，百姓就得到了安宁；孔子撰写了《春秋》，乱臣贼子就害怕起来。《诗经》说：‘戎狄已经被打败，荆舒也将受惩罚，没人敢来抵挡我。’无视父兄，无视君主，这是周公所要惩罚的。我也是想要规正人心，平息邪僻，抵制不正的行为，批驳过甚的言辞，以继承三代的圣人；这哪里是喜欢争辩呢？我是不得已的呀。能够用精辟的言论批驳杨、墨的人，是圣人的门徒啊！”

【注释】

（1）公都子：孟子弟子；公都，复姓，名不详。

（2）天下之生：生，生民。天下之生，指天下自有人类以来。

（3）一治一乱：治世、乱世，交替循环。

（4）水逆行：水性就下，但因河道壅塞，河水倒流旁溢。

（5）蛇龙居之民无所定：因大水泛滥，水中生物蛇龙等占据人所居之地，而人为逃避水患居无定所。

（6）下者为巢：居住在地势低下的人，在树上架起巢来。

（7）上者为营窟：营，环绕相连的住所；窟，洞穴。这句的意思是居处在高地的人，在山崖上凿成毗连的洞穴。

（8）《书》曰洚水警余：伪古文《尚书·大禹谟》文。洚（jiàng）：水不遵行河道。洚水：不遵行河道乱流的水。警余：舜自言上天以洪水来警戒我。

（9）掘地：指掘去壅塞。

（10）菹（zū）：多水草的沼泽地带。

（11）水由地中行：地中，指两涯之间。这句的意思是水从低于平地的河道中流过。

（12）人得平土而居之：平土，平地。这句话的意思是人民因此而能在平地上居住。

（13）代作：更代而出。

（14）坏宫室以为污池：宫室，指人们的居室；污池，指蓄水的大池。这句话的意思是毁坏民宅，改作成蓄水的大水池。

（15）沛泽：沛，草木丛生之处；泽，水所聚集之处。沛泽，指水草盛多的沼泽地。

（16）奄：东方无道之国，助纣为虐者，故址在今山东省曲阜县东。

（17）飞廉：纣的谀臣，善于行走，其子恶来有力，能空手与猛虎搏斗，父子均跟从纣王。后周武王灭商，杀恶来，追捕飞廉于海隅并杀之。

（18）灭国者五十：灭掉五十个与纣王同党虐民的诸侯。

（19）《书》曰……咸以正无缺：伪古文《尚书·君牙》文。丕，通“大”。显，通“明”。谟，通“谋”。承，通“继”。烈，指功业。佑启，扶助开导。后人，指成王、康王。咸，通“皆”。正无缺，指行正道无亏缺。这句话是说：文王的谋略非常伟大光明；武王的功业，也能大大地继承先人之志。由于他们的扶助开导，其后人成王、康王，都能依正道而行，无所亏缺。此句描写周公辅佐的功劳。

（20）世衰道微邪说暴行有作：“有”通“又”。有作：又兴起。这句话是说周室东迁以后，世运衰颓，正道不明，邪伪的学说、暴虐的行为又再兴起。

（21）《春秋》天子之事：天子职司政教，有昌明仁义、讨伐乱臣贼子之责。孔子作《春秋》，借鲁史以寄托王法，拨乱反正。

（22）知我者，其惟《春秋》乎：知道我的人，全在这部《春秋》里了。孔子作《春秋》，口诛笔伐，使乱臣贼子惧其贬责，而不敢肆行无忌。

（23）放恣：放肆恣纵。

（24）处士横议：处士，布衣之士。横（hèng），横议，作违理的议论。

（25）杨朱：春秋战国时人，时代在孔子以后，孟子之前，其书不传，今传《列子》有《杨朱》篇，但列子为后人所伪托，故《杨朱》篇所述不可尽信。其人思想，据《孟子·尽心》上云：“杨子取为我，拔一毛而利天下，不为也。”又《吕氏春秋·不二》篇云：“杨生贵己。”《淮南子·泛论训》云：“全身保真，不以物累形，杨子之所立也，而孟子非之。”杨朱乃主张利己为我之人。

（26）墨翟：战国时鲁人，尝仕宋为大夫。倡兼爱，尚节用，其学说盛行当世，与儒家并称为显学。门人及其所述，有《墨子》五十卷传世。

（27）无君：杨朱主张利己为我，不知有人群团体之义，君代表团体，故称其为无君。

（28）无父：墨子主张爱无差别，视自己的父母如同他人的父母，故称其为无父。

（29）是禽兽：无父无君，则人道灭绝，此与禽兽无异。

（30）公明仪：姓公明，名仪，鲁贤人，曾子弟子。

（31）庖（páo）：厨房。

（32）厩（jiù）：马棚。

（33）饿莩：莩（piáo），通“殍”，这里指饿莩，饿死的人。

（34）率兽而食人：对人民横征暴敛，以畜养禽兽作为宠物，致使人民因困穷而饿死，等于是率领禽兽食人。

（35）充塞仁义：充塞，阻塞。此句言因邪说充斥，仁义之道被阻塞而不能昌明。

（36）人将相食：杨墨之道行，则人皆无父、无君，不知人伦之道，不能互相合作，而反交相侵犯伤害。

（37）闲：护卫。

（38）距：通“拒”，抗拒、排斥之意。

（39）放淫辞：放，驱而远之。淫辞，放荡无礼的言论。

（40）抑：抑制，这里有治理之意。

（41）《诗》云……则莫我敢承：《诗·鲁颂·閟宫》句。是，语助词，无义。膺，击也。荆，楚国旧称。舒，国名，近于楚国。荆、舒，皆南蛮之国，与西戎、北狄一样，在当时均为文化落后，不讲求仁义之道的地区。惩，惩治。承，抵挡。此句言打击了凶暴的戎狄，也惩治了野蛮的荆、舒两国，再也没有无仁义之人敢抵挡我了。

（42）诐行：诐（bì），不平、不正。诐行，偏邪不正的行为。

（43）三圣：指禹、周公、孔子。

（44）圣人之徒：效法圣人的作为，以照顾人民，扶持人伦之道，故称圣人之徒。

**2.【章旨】 孟子历叙群圣道统，并以其所处之时地，见无人继孔子而起，遂兴“无有乎尔”之叹，隐然以绍述圣统为己任。**

【原文】 孟子曰：“由尧舜至于汤，五百有余岁；若禹、皋陶(1)，则见而知之；若汤，则闻而知之。由汤至于文王，五百有余岁，若伊尹、莱朱则见而知之(2)；若文王，则闻而知之。由文王至于孔子，五百有余岁，若太公望、散宜生(3)，则见而知之；若孔子，则闻而知之。由孔子而来至于今，百有余岁，去圣人之世，若此其未远也，近圣人之居，若此其甚也，然而无有乎尔，则亦无有乎尔(4)。”

——《尽心》下

【今译】 孟子说：“由尧舜到成汤，经历了五百多年，像禹、皋陶是亲自看见尧舜之道才知道的；像汤是经过传闻才知道尧舜之道的。由汤到文王，经历了五百多年，像伊尹，莱朱是亲自看见才知道的，像文王是经过传闻才知道的。由文王到孔子，经历了五百多年，像太公望，散宜生是亲自看见才知道的，像孔子是经过传闻才知道的；由孔子以来到现在，经历了一百多年，距离圣人的时代，像这样并不久远；距离圣人的故乡像这样近，但是却没有能亲自看见的了；等到五百年以后，就更没有人能亲自看见的了。

【注释】

（1）皋陶（gāo yáo）：舜的贤臣，担任“士”，执掌司法。

（2）伊尹：名挚，耕于有莘之野，为汤所举用，助汤伐桀，为汤所倚赖。莱朱：汤的贤臣，为汤的左相。

（3）太公望：本姓姜，名尚，字子牙，因其祖先封于吕，又称吕尚。文王（时为西伯）出猎，与之遇于渭水之阳，相谈大悦，曰：“自吾先君太公曰，‘当有圣人适周，周以兴’子真是邪？吾太公望子久矣。”故号为太公望，后辅佐武王灭商，封于齐。散宜生：姓散，名宜生，西周初年的大臣。文王被纣王囚禁，散宜生等将有莘氏之女及骊戎的文马献给纣王，使文王获释；后助武王灭纣。

（4）然而无有乎尔则亦无有乎尔：是指孔子至今时代并未久远，邹、鲁相去又近，然而已无有见而知之者，则五百余岁以后，又岂有闻而知之者？在此，孟子虽不敢明言已闻知圣人之道，但深恐后世不能闻知，隐然有绍述圣人之道，使后世得以闻知之意在。

**3.【章旨】 孟子自述救世心切，不因一时之遭遇，易其高尚之志。**

【原文】 孟子去齐[(1)]。充虞[(2)]路问曰：“夫子若有不豫色然[(3)]。前日虞闻诸夫子曰：‘君子不怨天，不尤人。’”曰：“彼一时，此一时也。五百年必有王者兴[(4)]，其间必有名世者[(5)]。由周而来，七百有余岁矣，以其数[(6)]则过矣；以其时[(7)]考之则可矣。夫天未欲平治天下也；如欲平治天下，当今之世，舍我其谁也？吾何为不豫哉[(8)]？”

——《公孙丑》下

【今译】 孟子离开了齐国。充虞在路上问道：“你好像有点不高兴的样子。前些日子我听你说：‘不埋怨老天，不责备别人。’”孟子说：“那是那个时候，这是这个时候。五百年一定会有圣明的君王出现，这里面一定会有世上成名的人。从周朝到现在，已经有七百多年了，按照年限来说，已经超过了；按照时势来考察的话，还正是时候。那老天，还是没想让天下平治下来；如果想让天下平治下来，在当今的世界上，除了我还能有谁呢？我有什么不高兴呢？”

【注释】

（1）去：离开。孟子在齐国，位至客卿，后因不被重用而离去。

（2）充虞：孟子弟子。

（3）豫：愉悦。不豫色然，指神色不愉悦的样子。

（4）五百年必有王者兴：自尧、舜至汤，自汤至文、武皆五百余年，而有圣人出现。

（5）名世者：指德业有名于当世，能辅佐圣王的人，如皋陶、伊尹、莱朱、太公望、散宜生等人。

（6）数：年数，指五百年之期。

（7）时：时势，指乱极思治，可以有所作为之时期。

（8）吾何为不豫哉：我为什么不愉快呢？

## 成语集锦

**1. 世衰道微：**世风衰败，道德低微。

**2. 邪说暴行：**邪伪的学说和暴虐的行为。

**3. 率兽食人：**率领野兽食人。比喻暴政之残民。

**4. 野有饿莩：**野地有饿死的人。

**5. 邪说淫词：**邪僻的学说，放荡无礼的言论。

**6. 乱臣贼子：**历代统治者把他们内部反对朝廷的人叫做乱臣贼子。

**7. 拨乱反正：**治理乱世，使之恢复正常安定。

**8. 助纣为虐：**帮助坏人作恶。

**9. 怨天尤人：**怨恨上天，责怪他人，不能安于天命。

**10. 舍我其谁：**自视极高，自任极重，除了任命我还有谁呢？

**11. 洪水猛兽：**比喻祸害极大的事物。

**12. 处士横议：**布衣之士乱发违理的议论。

**13. 彼一时，此一时：**时间不同，不能一概而论。

## 要句精析

**1. 丕显哉，文王谟！丕承哉，武王烈。**

句旨：“丕显哉，文王谟”，意指文王的谋略非常伟大光明。

**2. 孔子曰：“知我者，其惟《春秋》乎！”**

句旨：因为孔子著此书以遏示人欲，呼吁天道。

**3. 孔子曰：“罪我者，其惟《春秋》乎！”**

句旨：因为孔子无其位，而托《春秋》行天子褒善贬恶之权。

**4. 庖有肥肉，厩有肥马，民有饥色，野有饿莩，此率兽而食人也。**

句旨：暴政虐民之情景。

**5. 仁义充塞，则率兽食人，人将相食。**

句旨：仁义之道被阻塞，则苛政至，攻伐始矣。

**6. 我亦欲正人心，息邪说，距诐行，放淫辞。**

句旨：孟子之用意在于以承继禹、周公和孔子之圣道。

**7. 去圣人之世，若此其未远也，近圣人之居，若此其甚也，然而无有乎尔，则亦无有乎尔！**

句旨：孟子慨叹圣道之将丧。

**8. 五百年必有王者兴，其间必有名世者。**

句旨：每过五百年必有平治天下的圣王兴起，而且必定有名传当世的辅佐者。

**9. 如欲平治天下，当今之世，舍我其谁？**

句旨：孟子表明用世之心。

# 二、道性善

（选九章）

**一至四章：论述孟子所指之性是“仁”、“义”、“礼”、“智”、“天道”等，与口、目、耳、鼻、四肢等之欲望有别。**

**1.【章旨】 孟子答公都子问人性诸说之是非，论述了仁义礼智善性，自根于心，乃人所固有，求则得之。**

【原文】 公都子曰：“告子[(1)]曰：‘性无善无不善也。’或曰：‘性可以为善，可以为不善；是故文武兴，则民好善；幽厉[(2)]兴，则民好暴。’或曰：‘有性善，有性不善；是故以尧为君而有象[(3)]；以瞽瞍[(4)]为父而有舜；以纣为兄之子，且以为君，而有微子启、王子比干。’今曰‘性善’，然则彼皆非与？”

孟子曰：“乃若其情，则可以为善矣，乃所谓善也[(5)]。若夫为不善，非才之罪也[(6)]。恻隐[(7)]之心，人皆有之；羞恶之心，人皆有之；恭敬之心，人皆有之；是非之心，人皆有之。恻隐之心，仁也；羞恶之心，义也；恭敬之心，礼也；是非之心，智也。仁义礼智，非由外铄我也[(8)]，我固有之也，弗思耳矣。故曰：‘求则得之，舍则失之。’或相倍蓰而无算[(9)]者，不能尽其才者也。《诗》曰：‘天生蒸民，有物有则。民之秉彝，好是懿德[(10)]。’孔子曰：‘为此诗者，其知道[(11)]乎！故有物必有则；民之秉彝也，故好是懿德。’”

——《告子》上

【今译】 公都子说：“告子说：‘本性没有什么善良，也没有什么不善良。’也有人说：‘本性可以使它善良，也可以使它不善良；所以周文王、武王在上，百姓便趋向善良；周幽王、厉王在上，百姓便趋向横暴。’也有人说：‘有些人本性善良，有些人本性不善良；所以凭着尧这样的圣人为君，却有像这样不好的百姓；凭着瞽瞍这样坏的父亲，却有舜这样好的儿子；凭着纣这样恶的侄儿，而且贵为君主，却有微子启、王子比干这样的仁人。’如今老师说本性善良，那么，他们的说法都错了吗？”

孟子说：“从天生的资质看，可以使它善良，这便是我所谓的人性善良。至于有些人不善良，不能归罪于他的资质。同情心，人人都有；羞耻心，人人都有；恭敬心，人人都有；是非心，人人都有。同情心属于仁，羞耻心属于义，恭敬心属于礼，是非心属于智。这仁义礼智，不是由外人给予我的，是我本身就有的，不过不曾探索它罢了。所以说：‘一经探求，便会得到；一加放弃，便会失掉。’人与人之间相差一倍、五倍甚至无数倍的，就是不能充分发挥他们人性的本质的缘故。《诗经》说：‘天生育众民，每一样事物，都有它的规律。百姓把握了那些不变的规律，于是乎喜爱优良的品德。’孔子说：‘这篇诗的作者真懂得道呀！有事物，便有它的规律；百姓把握了这些不变的规律，所以喜爱优良的品德。’”

【注释】

（1）告子：姓告，名不害，兼治儒、墨之学，其伦性，认为人性本无善恶，所谓善恶皆由于后天之习染。

（2）幽厉：周幽王、周厉王，皆为昏暗暴虐无道之君。

（3）象：舜异母弟，性傲，曾与父谋害舜。

（4）瞽瞍：舜之父，性顽，爱其后妻子象，而数次欲杀舜。瞽：即无目之意，舜父有目而不能分辨好恶，故时人谓之“瞽”。瞍：亦有无目之意。

（5）乃若其情……善也：乃，发语词；若，通“顺”；情，通“实”，指人性之本然。此句话是说：如能顺人性之本然以为人处事，则可以成为道德完美的善人。

（6）才：同“材质”，指人的本质而言。

（7）恻隐：怜悯伤痛。

（8）非由外铄我也：铄，以火销镕金属。此句话是说：并非因外来的陶铸，而使我具有此仁义礼智之性。

（9）相倍蓰而无算：蓰（xǐ），即五倍；无算，无数倍。此句话是说：相差一倍、五倍，乃至无数倍。

（10）《诗》曰数句：见《大雅·烝民篇》。“蒸民”《诗》作“烝民”，《毛传》云：“烝，众；物，事；则，法；彝，常；懿，美也。”《郑笺》云：“秉，执也。”此诗言天生众民，凡有事物必有法则，如有耳目，则有聪明之德；有父子，则有慈孝之心；此乃民所秉执之常性，故人无不好此美德。

（11）知道：知人性之理。

**2.【章旨】 孟子指出：人皆有恻隐、羞恶、辞让、是非之心，此乃仁、义、礼、智之端，当知扩而充之。**

【原文】 孟子曰："人皆有不忍人之心。先王有不忍人之心，斯有不忍人之政矣。以不忍人之心，行不忍人之政，治天下可运之掌上。所以谓人皆有不忍人之心者，今人乍见孺子将入于井(1)，皆有怵惕恻隐之心(2)。非所以内交于孺子之父母也(3)，非所以要誉于乡党朋友也(4)，非恶其声而然也。由是观之，无恻隐之心，非人也；无羞恶之心，非人也；无辞让之心，非人也；无是非之心，非人也。恻隐之心，仁之端也(5)；羞恶之心，义之端也；辞让之心，礼之端也；是非之心，智之端也。人之有是四端也，犹其有四体也。有是四端而自谓不能者，自贼者也；谓其君不能者，贼其君者也。凡有四端于我者(6)，知皆扩而充之矣(7)，若火之始然(8)，泉之始达(9)。苟能充之，足以保四海(10)；苟不充之，不足以事父母。" ——《公孙丑》上

【今译】 孟子说："人人都有同情心，先王因为有同情心，于是就有同情别人的政治了。凭着同情心来实行同情别人的政治，治理好天下就像手掌运转一个小球一样容易。我之所以说人人都有同情心，原因就在于：现在忽然看见一个小孩子就要掉到井里去了，每个人都会产生惊骇同情的心情。这种心情的产生，不是为了要和这小孩的爹妈攀交情，不是为了要在乡里朋友间博得声誉，也不是讨厌那小孩的哭声才这样的。从这一点来看，一个人如果没有同情之心，便不算是人；如果没有羞耻之心，便不算是人；如果没有退让之心，便不算是人；如果没有是非之心，便不算是人。同情之心是仁的萌芽，羞耻之心是义的萌芽，退让之心是礼的萌芽，是非之心是智的萌芽。人有这四种萌芽，就好比他有手足四肢一般自然。有这四种萌芽却自己认为不行的人，是自暴自弃的人。认为他的君主不行的人，是残害那君主的人。凡是具有这四种萌芽的人，如果晓得把它们扩充起来，那就会像刚点燃的星星之火，[终成燎原之势；] 刚涌出的涓涓之流，[终必汇为江河]。真的能够扩充，便足以安定天下；如果不肯扩充，[让它自生自灭，] 最终连赡养爹妈都办不到。"

【注释】

(1) 乍：忽然。

(2) 怵惕恻隐：怵惕（chù tì），惊惧；恻隐，哀痛。二者皆同义复词。

(3) 内交：内，同"纳"，接纳。内交，即结交。

(4) 要（yāo）：求也。

(5) 端：通"绪"，发端、头绪之意。"恻隐之心，仁之端……"，说明恻隐、羞恶、辞让、是非之心，分别为仁、义、礼、智善性的发端。

（6）我：此处作“己”用。

（7）知皆扩而充之矣：这是假设句，但无假设连词。

（8）然：同“燃”。

（9）达：同“通”。

（10）保：同“定”。

**3.【章旨】 孟子论述仁义乃人之良知良能。**

【原文】 孟子曰：“人之所不学而能者，其良能也；所不虑而知者，其良知也[1]。孩提之童，无不知爱其亲者[2]，及其长也，无不知敬其兄也。亲亲，仁也；敬长，义也；无他，达之天下也。” ——《尽心》上

【今译】 孟子曰：“人不待学习便能做到的，这是良能；不待思考便会知道的，这是良知。两三岁的小孩儿没有不爱他父母的，等到他长大，没有不知道恭敬兄长的。亲爱父母是仁，恭敬兄长是义，这没有其他原因，因为这两种品德可以通行于天下。”

【注释】

（1）良知、良能：赵岐《注》云：“良，甚也。”则“良能”、“良知”当译为“所最能的，所最知的。”朱熹《集注》云：“良者，本然之善也。”则“良能”可译为“本能”。

（2）孩提之童：孩，通“咳”，这里指小儿笑。赵岐《注》云：“孩提，二三岁之间在襁褓知孩笑可提抱者也。”

**4.【章旨】 孟子指出：口体之欲，命有所定；而仁、义、礼、智等存于本性中，故君子虽知人生遇合自有天命，但仍尽自己之性去努力。**

【原文】 孟子曰：“口之于味也，目之于色也，耳之于声也，鼻之于臭也[1]，四肢之于安佚[2]也，性也，有命焉，君子不谓性也[3]。仁之于父子也，义之于君臣也，礼之于宾主也，知之于贤者也，圣人之于天道也，命也，有性焉，君子不谓命也[4]。” ——《尽心》下

【今译】 孟子说：“口对于美味，眼对于美色，耳对于好听的声音，鼻对于芬芳的气味，手足四肢喜欢舒服，这些都是人的天性使然，但是得到与否，却属于命运，所以君子不把它们认为是天性的必然，[因此不去强求。]仁对于父子之间，义对于君臣之间，礼对于宾主之间，智慧对于贤者，圣人对于天道，能够实现与否，属于命运，但也是天性必然，所以君子不把它们认为是该属于命运的，[因而努力去顺从天性，求其实现。]”

【注释】

（1）臭（xiù 嗅）：此处指芬芳之气。

（2）佚：通“逸”。

（3）有命焉，君子不谓性也：口、目、耳、鼻、四肢之本能，虽然也可说是人的本性，但能否满足并非强求可得，而是命中注定，故君子不认为是真正的本性。

（4）有性焉，君子不谓命也：仁、义、礼、智、天道，为天所赋予人者，只要肯存养扩充，必然可以获得，为我们性情中本来就有的，故君子不认为是命中注定。

**五至六章：论述人之所以敝于物欲而有不善，系放失本心之故，以明良心贵得其养。**

**5.【章旨】 孟子论述：人之所欲有甚于生，所恶有甚于死者，此羞恶之心，人皆有之，不可因一时不省察而丧失本心。**

【原文】 孟子曰：“鱼，我所欲也，熊掌亦我所欲也；二者不可得兼，舍鱼而取熊掌者也。生亦我所欲也，义亦我所欲也；二者不可得兼，舍生而取义者也。生亦我所欲，所欲有甚于生者[(1)]，故不为苟得[(2)]也；死亦我所恶，所恶有甚于死者[(3)]，故患有所不辟[(4)]也。如使人之所欲莫甚于生，则凡可以得生者，何不用也？使人之所恶莫甚于死者，则凡可以辟患者，何不为也？由是则生而有不用也，由是则可以辟患而有不为也，是故所欲有甚于生者，所恶有甚于死者。非独贤者有是心也，人皆有之，贤者能勿丧耳[(5)]。

一箪食，一豆羹[(6)]，得之则生，弗得则死，嘑尔而与之，行道之人弗受[(7)]；蹴尔[(8)]而与之，乞人不屑也；万钟[(9)]则不辩礼义而受之。万钟于我何加焉？为宫室之美、妻妾之奉、所识穷乏者得我与[(10)]？乡[(11)]为身死而不受，今为宫室之美为之；乡为身死而不受，今为妻妾之奉为之；乡为身死而不受，今为所识穷乏者得我而为之，是亦不可以已乎？此之谓失其本心[(12)]。”

——《告子》上

【今译】 孟子说：“鱼是我想得到的，熊掌也是我想得到的；如果两者不能同时得到，便舍弃鱼而要熊掌。生命是我想保有的，义也是我想拥有的；如果两者不能并有，便舍弃生命而要义。生命本是我想保有的，但我希望保有更有超过生命的，所以我不干苟且偷生的事；死亡本是我所厌恶的，但是我所厌恶的更有超过死亡的，那么，一切可以求得生存的手段，哪有不使用的呢？如果人们所厌恶的没有超过死亡的，那么，一切可以避免祸害的事情，哪有不干的呢？［然而，有些人］由此而行，便可以得到生存，却不去做；由此而行，便可以避免祸害，却不去干，这样便可知有比生命更值得拥有的东西，也有比死亡更令人厌恶的东西。这种心不仅仅贤人有，人人都有，不过贤人能够保持它罢了。

一筐饭，一碗汤，得着便能活下去，得不着便死亡，吆喝着给他，就是过路饿人都不会接受；脚踏过再给予他，就是乞丐也不屑于要；［然而有的人对］万钟的俸禄却不问合于礼义与否，欣然接受了。万钟的俸禄对我有什么好处呢？为着住宅的华丽，妻妾的侍奉和我所认识的贫苦人感激我吗？过去宁肯死亡而不接受的，今天却为着住宅的华丽而接受了；过去宁肯死亡而不接受的，今天却为着妻妾的侍奉而接受了；过去宁肯死亡而不接受的，今天却为着我所认识的贫苦人的感激而接受了，难道这也是不可以停止的吗？这样便叫丧失了本性。"

【注释】

（1）所欲有甚于生者：这里指义。

（2）苟得：苟且得生。

（3）所恶有甚于死者：这里指无义。

（4）辟：通"避"。

（5）贤者能勿丧耳：羞恶之心，人皆有之，但众人沉迷于利欲而放弃之，唯贤者能存之而不丧失。

（6）豆：盛羹汤的器皿。

（7）嘑尔而与之，行道之人弗受：嘑，同"呼"。《礼记·檀弓》有一段故事，情节类似："齐大饥，黔敖为食于路以待饿者而食之。有饿者蒙袂辑屦贸贸然来。黔敖左奉食，右执饮，曰：'嗟！来食！'扬其目而视之，曰：'予唯不食嗟来之食以至于斯也。'从而谢焉，终不食而死。"

（8）蹴尔：践踏的样子。

（9）万钟：钟，古量器，容六斛四斗。万钟，指"厚禄"。

（10）所识穷乏者得我与：识，同"知"；得，通"德"，当动词用，感激他人之恩惠；与，通"欤"。此句话是说：为了让我所认识之穷困者感激我的接济吗？

（11）乡（xiàng）：通"向"，向来，往日。

（12）本心：指羞恶之心。

**6.【章旨】 孟子以牛山之木为比，指出人之所以为不善，乃由于不知操持存养，而放失梏亡其良心所致。**

【原文】 孟子曰："牛山之木尝美矣[1]，以其郊于大国也[2]，斧斤伐之，可以为美乎？是其日夜之所息，雨露之所润，非无萌蘖之生焉，牛羊又从而牧之[3]，是以若彼濯濯也[4]。人见其濯濯也，以为未尝有材焉，此岂山之性也哉？虽存乎人者，岂无仁义之心哉？其所以放其良心[5]者，亦犹斧斤之于木也。旦旦而伐之，可以为美乎？其日夜之所息，平旦之气[6]，其好恶与人相近也者几希[7]，则其旦昼之所为[8]，有梏亡之矣[9]。梏之反复，则其夜气[10]不足以存；夜气不足以存，则其违[11]禽兽不远矣。人见其禽兽也，而以为未尝有才焉者，是岂人之情也哉？故苟得其养，无物不长；苟失其养，无物不消。孔子曰：'操则存，舍则亡；出入无时，莫知其乡[12]。'惟心之谓与。"

——《告子》上

【今译】 孟子说："牛山的树木曾经是很茂盛的，因为它长在大都市的郊外，老用斧子去砍伐，还能够茂盛吗？当然，它日日夜夜在成长着，雨水露珠在滋润着，不是没有新条嫩芽生长出来，但紧跟着就放羊放牛，所以变成那样光秃秃了。人们看见那光秃秃的样子，便以为这山不曾有过大树木，这难道是山的本性吗？在某些人的身上，难道没有仁义之心吗？他之所以丧失他的良心，也正像斧子对于树木一般，天天去砍伐它，能够茂盛吗？他在白天黑夜里发出来的善心，他在天刚亮时呼吸到的清明之气，那时节他心里的好恶跟一般人相近的，也有一点点。可是一到第二天白昼，他的所作所为又把它消灭了。反复地消灭，那么，他夜里产生出的善念自然不能存在；夜里产生出的善念不能存在，便和禽兽差不离了。别人看到他简直是禽兽，便以为他不曾有过善良的本质。这难道也是这些人的本性吗？所以，如果得到滋养，没有东西不生长；失掉滋养，没有东西不消亡。孔子说过：'抓住它，就存在；放弃它，就亡失；出出进进没有一定时候，也不知道它何去何从。'这是指人心而说的吧。"

【注释】

（1）牛山：山名，位于齐国国都临淄之南。

（2）以其郊于大国也：郊，此作动词用，即"居其郊"；大国，指临淄，当时的大都市之一。

（3）牛羊又从而牧之：此句为"又从而牛羊牧焉（之）"的倒装句，用以强调"牛羊"二字。

（4）濯濯：犹"童童"，今写作"秃"，指山无草木之貌。

（5）放其良心：放，亡失；良心，本然的善心，即所谓仁义之心。

（6）平旦之气：平旦，天平明破晓之时。平旦之气，是指未与物交接时的清明之气。

（7）好恶与人相近：指好恶与人的本心相接近。几希：表示推测之意，指不多。希通“稀”。

（8）旦昼：明天。

（9）有梏亡之矣：有，同“又”；梏（gù），搅乱；梏亡，搅乱亡失。

（10）夜气：平旦之气，指夜间所生清新之气。

（11）违：通“去”，距离之意。

（12）乡：通“向”，去向。

**七至九章：论述能寡欲而思，求其放失之本心，则可以重复原有之善性。**

**7.【章旨】 孟子教人养心存性之道，在于寡欲。**

【原文】 孟子曰：“养心莫善于寡欲(1)。其为人也寡欲，虽有不存焉者(2)，寡矣；其为人也多欲，虽有存焉者，寡矣。” ——《尽心》下

【今译】 孟子说：“修养心性的方法没有比减少物质欲望更好的了。他的为人，欲望不多，善性纵使有所丧失，也不会多；他的为人，欲望很多，善性纵使有所保存，也是极少的。”

【注释】

（1）寡欲：寡，少。欲，指耳、目、口、鼻、四肢等之欲望。寡欲：减少欲望。

（2）不存：存，此指孟子所谓“善性”、“夜气”而言。

**8.【章旨】 孟子指出：心为人之大体，先立其大，则小者不能夺，此所以为大人也。**

【原文】 公都子问曰：“钧是人也(1)，或为大人，或为小人，何也？”孟子曰：“从其大体(2)为大人，从其小体(3)为小人。” 曰：“钧是人也，或从其大体，或从其小体，何也？”曰：“耳目之官(4)不思，而蔽于物(5)。物交物，则引之而已矣(6)。心之官则思，思则得之(7)，不思则不得也。此天之所与我者(8)。先立乎其大者，则其小者不能夺也。此为大人而已矣。”

——《告子》上

【今译】 公都子问：“同样是人，有些是君子，有些是小人，什么缘故？”孟子答道：“求满足身体重要器官的需要的是君子，求满足身体次要器官的欲望的是小人。”问道：“同样是人，有人要求满足重要器官的需要，有人要求满足次要器官的欲望，又是什么缘故？”答道：“耳朵眼睛这类器官不会思考，故易为外物所蒙蔽。［因此，耳目不过是一物罢了。］一旦与外物

相接触，便被引向迷途了。心这个器官则在思考，一思考便可求得事物的真谛，不思考便得不到。这个器官是天特意给我们人类的。因此，这是重要的器官，要先把它树立起来，那么，次要的器官便不能把这些善性夺去了。这样便成了君子了。”

【注释】

（1）钧：同“均”，同样之意。

（2）从其大体：从，同“随”。大体，指心。从其大体，是指随其本心所具的善性行事。

（3）从其小体：小体，指耳、目、口、鼻之类。从其小体，是指随其耳、目、口、鼻的欲望发展。

（4）官：器官。各器官皆有不同功能，如耳主听，目主视。

（5）不思，而蔽于物：耳目等器官不会思想，不能自作主宰，因而易受声色等外在事物蒙蔽。

（6）物交物，则引之而已矣：一旦与外物相接触，则被引向迷途了。

（7）思则得之：心能思想，能自作主宰，故能求得事物的真谛。

（8）此天之所与我者：我，泛指人类。耳、目和心，此三者都是上天赐予人类。

**9.【章旨】 孟子说：找回放失的本心，乃为学之本。**

【原文】 孟子曰：“仁，人心[(1)]也；义，人路[(2)]也。舍其路而弗由[(3)]，放[(4)]其心而不知求，哀哉！人有鸡犬放，则知求之；有放心而不知求[(5)]。学问之道无他，求其放心而已矣[(6)]。” ——《告子》上

【今译】 孟子说：“仁是人的心，义是人的路。放弃了那条正路而不走，丢失了那善良的心而不晓得去找回，真可悲呀！一个人，有鸡和狗丢失了，便晓得找回，有善良的心丧失了，却不晓得去寻求。学问之道没其他的，就是把那丧失了的良心找回来罢了。”

【注释】

（1）人心：人的本心。

（2）人路：人行事必须遵循的正道。

（3）由：通“行”。

（4）放：亡失。

（5）而：用法同“则”。

（6）求其放心：找回放失的本心。

## 成语集锦

1. **天生蒸民**：上天降生众多人民。
2. **运之掌上**：运转于手掌之上，比喻十分容易。
3. **良知良能**：本来自有的好的知觉与能力。
4. **舍生取义**：为了正义而牺牲生命。
5. **牛山濯濯**：牛山上草木不生，光秃秃的。
6. **恻隐之心**：怜悯伤痛的心。
7. **操存舍亡**：持守就能保存，舍弃就会亡失。

## 要句精析

1. **以尧为君而有象；以瞽瞍为父而有舜。**

   句旨：引此说明有性善，有性不善。
2. **天生蒸民，有物有则。民之秉彝，好是懿德。**

   句旨：孟子引《诗经》说明人性本善。
3. **先王有不忍人之心，斯有不忍人之政**

   句旨：有仁心才有仁政。
4. **死亦我所恶，所恶有甚于死者，故患有所不辟也。**

   句旨："故患有所不辟也。"，意思是：即使遇到祸患，也不肯苟且躲避。
5. **孟子曰："牛山之木尝美矣"。**

   句旨：比喻善性为人所固有。
6. **孔子曰："操则存，舍则亡；出入无时，莫知其乡。"惟心之谓与?**

   句旨：孟子引用孔子之言，意在说明人心不可顷刻失其养。
7. **从其大体为大人，从其小体为小人。**

   句旨：以心行事为大人，以耳目行事为小人。
8. **先立乎其大者，则其小者不能夺。**

   句旨：心志定则不为声色所动。
9. **学问之道无他，求其放心而已矣。**

   句旨：学问的目的在寻回失去的本心。

# 三、辨义利

（选三章）

**一至三章：论述不论治理国家，与人相处，或修养己身，皆当以仁义而不以利为重；故义、利之辨不可不审。**

**1.【章旨】 孟子告诉梁惠王，仁义为治国之要道，以仁义方可根治争权夺利之纷乱。**

【原文】 孟子见梁惠王[1]。王曰："叟！不远千里而来，亦将有以利吾国乎？"孟子对曰："王何必曰利？亦有仁义而已矣[2]。王曰：'何以利吾国？'大夫曰：'何以利吾家？'士庶人曰：'何以利吾身？'上下交征利而国危矣[3]。万乘之国，弑其君者[4]，必千乘之家；千乘之国[5]，弑其君者，必百乘之家[6]。万取千焉，千取百焉，不为不多矣。苟为后义而先利，不夺不餍[7]。未有仁而遗其亲者也，未有义而后其君者也。王亦曰仁义而已矣，何必曰利？"

——《梁惠王》上

【今译】 孟子晋见梁惠王。惠王说："老头儿，您不远千里长途辛劳而来，是不是将给我国带来利益呢？"孟子答道："王呀，为什么定要说利呢？只要有仁义就行了。如果王只是说：'怎样才有利于我的国家呢？'大夫也说：'怎样才有利于我的封地呢？'那一般士子和老百姓也都会说：'怎样才有利于我自己呢？'这样，上上下下都互相追逐私利，国家便危险了。在拥有一万辆兵车的国家里，杀掉它的国君的，一定是拥有一千辆兵车的大夫；在拥有一千辆兵车的国家里，一定是拥有一百辆兵车的大夫。在一万辆里头，他就拥有一千辆；在一千辆里，他就拥有一百辆，这些大夫的产业不能不说是很多的了。但如果他轻公义，重私利，那不把国君的一切都夺去，他是不会满足的。从没有讲'仁'的人遗弃父母的，也没有讲'义'的人怠慢君上的。王只要讲仁义就可以了，为什么一定要说'利'呢？"

【注释】

（1）梁惠王：即魏惠王，“惠”是他的谥号。前370年即位。前362年，由安邑迁都大梁（今河南开封市），所以又叫梁惠王。他在即位最初二十几年内，使魏国在战国诸雄中最为强大，因之第一个自封为王。（楚国自封为王在春秋时，又当别论。）

（2）亦：只也。

（3）征：取也。

（4）弑：以下杀上，以卑杀尊。

（5）万乘之国，千乘之国：乘（shèng），兵车的量词。春秋战国时以兵车的多少来衡量国家的大小强弱。刘向《战国策序》说战国晚期“万乘之国七，千乘之国五”。七雄为万乘，宋、卫、中山、东周、西周则为千乘。

（6）千乘之家，百乘之家：古代执政大夫有一定城邑，拥有这种城邑的大夫叫家。公卿的封邑大，可以出兵车千乘；大夫的封邑小，可以出兵车百乘。

（7）餍（yàn），饱，满足。

**2.【章旨】 孟子闻宋牼将以不利说服秦、楚罢兵，告以何不舍利言义？同为休兵息民，然存心不同；影响所及，却有兴亡之异。**

【原文】 宋牼将之楚[1]，孟子遇于石丘，曰：“先生将何之？”曰：“吾闻秦楚构兵[2]，我将见楚王说而罢之。楚王不悦，我将见秦王说而罢之。二王我将有所遇[3]焉。”曰：“轲也请无问其详，愿闻其指[4]。说之将何如？”曰：“我将言其不利也。”曰：“先生之志则大矣[5]，先生之号则不可[6]。先生以利说秦楚之王，秦楚之王悦于利，以罢三军之师，是三军之士乐罢而悦于利也。为人臣者怀利以事其君，为人子者怀利以事其父，为人弟者怀[7]利以事其兄，是君臣、父子、兄弟终去仁义[8]，怀利以相接[9]，然而不亡者，未之有也。先生以仁义说秦楚之王，秦楚之王悦于仁义，而罢三军之师，是三军之士乐罢而悦于仁义也。为人臣者怀仁义以事其君，为人子者怀仁义以事其父，为人弟者怀仁义以事其兄，是君臣、父子、兄弟去利，怀仁义以相接也，然而不王[10]者，未之有也。何必曰利？” ——《告子》下

【今译】 宋牼到楚国去，孟子在石丘碰到了他，孟子问道：“先生准备往哪里去？”答道：“我听说秦楚两国交兵，我打算去谒见楚王，向他进言，劝他罢兵。如果楚王不高兴我的话，我又打算去谒见秦王，向他进言，劝他罢兵。在两个国王中，我总会有所遇合。”孟子说：“我不想问得太详细，只想知道你的大意，你将怎样去进言呢？”答道：“我打算说，交兵是不利的。”

孟子说:“先生的志向是很好的了，可是先生的提法却不利。先生用利来向秦王、楚王进言，秦王、楚王因为喜欢有利，于是停止军事行动，这就将使军队的官兵乐于罢兵，因而喜欢利。作臣属的为求利而服侍君主，做儿子为求利而服侍父亲，做弟弟的为求利而服侍哥哥，这就会使君臣、夫子、兄弟之间都完全失去仁义，为了求利而打交道，这样而国家不灭亡的，是没有的事情。如果先生用仁义来向秦王、楚王进言，秦王、楚王因为喜欢仁义的缘故，而停止军事行动，这就会使军队的官兵乐于罢兵，因而喜欢仁义。作臣属的满怀仁义来服侍君主，做儿子的满怀仁义来服侍父亲，做弟弟的满怀仁义来服侍哥哥，这就会使君臣、夫子、兄弟之间都去掉利的观念，满怀仁义来打交道，这样国家不以德政统一天下的，也是没有的事。为什么一定要说到‘利’呢？”

【注释】

（1）宋牼：宋人，《庄子·天下篇》、《荀子·非十二子篇》作宋钘，《韩非子·显学篇》作宋荣（《庄子·逍遥游篇》亦作宋荣），为战国一名学者。主张大诣为寡欲，见侮不以为辱，以救民之互斗；禁攻寝兵，以救当时之攻战；破除主观成见（别囿），以识万物之真相。

（2）构兵：即出兵交战。

（3）遇：通“合”。

（4）指：通“旨”，大旨。

（5）大：通“善”。

（6）号：名义，提法。

（7）怀：心存某种意念。

（8）终：通“尽”。

（9）接：指结交来往。

（10）王（wàng）：在此作动词用，是指以行王道而统有天下。

**3.【章旨】 孟子评述舜、蹠之分，乃在逐利与为善之间而已。**

【原文】 孟子曰：“鸡鸣而起，孳孳[(1)]为善者，舜之徒也；鸡鸣而起，孳孳为利者，蹠之徒也[(2)]。欲知舜与蹠之分，无他，利与善之间也[(3)]。”

——《尽心》上

【今译】 孟子说：“鸡叫便起来，努力行善的人，是舜一类的人物；鸡叫便起来，努力求利的人，是蹠一类的人物。要晓得舜和蹠的分别，没有别的，求利和求善的区别罢了。

【注释】

(1) 孳孳 ( zī): 勤勉之意。

(2) 蹠 ( zhí): 亦作"跖", 相传为柳下惠的弟弟, 春秋时大盗。

(3) 间: 异也, 不同也。

## 成语集锦

1. **不远千里:** 不以千里为远。
2. **上下征利:** 上下互相争夺利益。
3. **后义先利:** 把仁义抛在脑后, 眼前所看见的无非是私利。
4. **不夺不厌:** 不篡夺过来, 是不会心满意足的。
5. **怀利相接:** 心存图利的意念进行交往。
6. **孳孳为善:** 勤勉行善。
7. **孳孳为利:** 勤勉谋求私利。

## 要句精析

1. **宋牼与孟子对于游说时君不同的论点。**

   句旨: 在于利与义。

2. **大舜与盗蹠之分。**

   句旨: 舜与蹠的区别在于好善与求利。

# 四、论涵养

（选十四章）

**一至三章：论述人当有羞耻之心。**

1. 【章旨】 **孟子说：知耻则可免耻。**

【原文】 孟子曰：“人不可以无耻(1)。无耻之耻(2)，无耻矣(3)。”

——《尽心》上

【今译】 孟子说：“人不可以没有羞耻之心，如果能为自己的无耻而感到羞耻，就不会有羞耻之事了。”

【注释】

（1）无耻：无羞耻之心。

（2）无耻之耻：“耻无耻”之倒装句，是指能为自己的无耻感到羞耻。

（3）无耻：指不会有羞耻之事。

2. 【章旨】 **孟子指出耻对于人之关系极大，告诫人勿失去羞耻之心。**

【原文】 孟子曰：“耻之于人大矣。为机变之巧者(1)，无所用耻焉。不耻不若人，何若人有(2)？”

——《尽心》上

【今译】 孟子说：“羞耻对于人关系重大，干机谋巧诈事情的人是没有地方用得着羞耻的。不以赶不上别人为羞耻，怎样能比上别人呢？”

【注释】

（1）机变：机谋巧诈。《淮南子·原道训》云：“故机械之心藏于胸中”。高诱《注》云：“机械，巧诈也。”

（2）不耻不若人，何若人有：不若人，指修养不如人。这句话的意思是：不以修养不如人为可耻，则哪能比得上人家呢。

**3.【章旨】 孟子借齐人乞食墦间为喻，说明枉曲之道营求富贵利达者之可耻。**

【原文】 齐人有一妻一妾而处室[(1)]者，其良人[(2)]出，则必餍酒肉而后反。其妻问所与饮食者，则尽富贵[(3)]也。其妻告其妾曰："良人出，则必餍酒肉而后反；问其与饮食者，尽富贵也，而未尝有显者来，吾将瞷[(4)]良人之所之也。"

蚤起[(5)]，施从良人之所之[(6)]，遍国中无与立谈者。卒之东郭墦间[(7)]，之祭者，乞其馀；不足，又顾而之他——此其为餍足之道也。

其妻归，告其妾，曰："良人者，所仰望而终身也，今若此。"与其妾讪其良人[(8)]，而相泣于中庭[(9)]，而良人未之知也，施施从外来[(10)]，骄其妻妾。

由君子观之，则人之所以求富贵利达者，其妻妾不羞也，而不相泣者，几希矣[(11)]。

——《离娄》下

【今译】 齐国有一个人，家里有一妻一妾。那丈夫每次外出，一定吃饱喝足才回家。他妻子问他一同赴宴的都是些什么人，他总是回答不是大款便是大官。他妻子便告诉他的妾说："丈夫外出，总是吃饱喝足才回家，问他一同赴宴的是什么人，总回答不是大款便是大官，但我从来没见过有什么显贵人物到咱家来。我准备偷偷地看看他究竟到什么地方去了。"

第二天大清早，她便远远地跟在丈夫后面；走遍全城，没有一个人站住同他丈夫谈话的。最后一直走到东郊外的墓地，他便走向祭扫坟墓的人那儿，讨些残汤剩菜；不够，又东张西望地走到别人那里去讨——这就是他吃饱喝足的办法。

他妻子回家后，便把所看到的告诉他的妾，并且说："丈夫是我们需要仰仗一辈子的人，现在他却这样……"于是她俩一起在庭中哭泣着，而那丈夫还不知道，高高兴兴地从外边回来，又在妻妾面前吹牛皮，耍威风。

由君子看来，有些人所用的乞求升官发财的方法，能不使他妻妾感到羞耻而共同哭泣的，是很少的！

【注释】

（1）处室：同居于一室之中。

（2）良人：丈夫。

（3）尽富贵：尽，通"皆"。这里指"皆富贵之人"。

（4）瞷（jiàn）：偷看。

（5）蚤：通"早"。

（6）施（yī）："斜"的古字，通"迤"，迤逦而行，不使丈夫察觉。

（7）东郭墦间：墦（fán），指坟，这里指城外东郊坟场。

（8）讪（shàn）：诋毁，贬责。

（9）相泣于中庭：相，相与，共同；中庭，庭中。

（10）施施：喜悦自得的样子。

（11）人之所以求富贵利达者……几希矣：这句话的主语是“人之所以求富贵利达其妻妾不羞而不相泣者”，谓语是“几希”，主语中的“者”、“也”两字，是因为主语太长，用于停顿。

## 四至五章：论述人当时常反省自己，存其善而改其过，以自求多福。

**4.【章旨】 孟子说：行有不得，当反求诸己。**

【原文】 孟子曰：“爱人不亲，反[1]其仁；治人不治，反其智[2]；礼人不答，反其敬。行有不得者皆反求诸己，其身正而天下归之。《诗》云：‘永言配命，自求多福[3]。’”

——《离娄》上

【今译】 孟子说：“我爱别人，别人却不亲近我，便反问自己仁爱是否足够；我治理别人，却没治理好，便反问自己知识智慧是否足够；我礼貌待人，可人家却不理睬，便反问自己恭敬是否到了家。任何事情没有达到预期的效果都要反省自问。自己确实端正了，天下的人自然都会归附于他。《诗经》说得好：‘永远配合天命来行事，多福当由自己去求得。’”

【注释】

（1）反：反省。

（2）《谷梁传》也有这句话：“治人而不治，则反其知。”古代“知”“智”两字不分，《孟子》原文恐亦作“知”。

（3）《诗》云……自求多福：《诗经·大雅·文王》之句。永，通“长”。言，助词。配，通“合”。命，指天命。此诗是指：永远配合天命而行，多福当由自己求得。

**5.【章旨】 孟子告诫人应洁身自爱，并勉励有错之人重新做人。**

【原文】 孟子曰：“西子蒙不洁[1]，则人皆掩鼻而过之；虽有恶人[2]，齐戒沐浴[3]，则可以祀上帝[4]。”

——《离娄》下

【今译】 孟子说：“如果西施她弄得满身污秽，那别人走过的时候，也会捂着鼻子；纵是面目丑恶的人，如果他斋戒沐浴，也就可以祭祀上帝。”

【注释】

（1）西子蒙不洁：西子，古代美女，即西施。蒙不洁，沾染污秽之物。

(2) 恶人：在此指貌丑的人。

(3) 齐：同“斋”。

(4) 可以祀上帝：貌虽丑，但能斋戒沐浴，自治洁身，则可以祭祀上帝。比喻行恶之人，苟能诚心改过自新，则亦可以为善。

**六至七章：论述困顿之环境可以磨砺人的德、慧、术、知。**

**6. 【章旨】 孟子就圣贤之兴起，引申出：生存出于忧患，而死亡多由于安乐。**

【原文】 孟子曰：“舜发于畎亩之中(1)，傅说举于版筑之间(2)，胶鬲举于鱼盐之中(3)，管夷吾举于士(4)，孙叔敖举于海(5)，百里奚举于市(6)。故天将降大任于是人也，必先苦其心志，劳其筋骨，饿其体肤，空乏其身，行拂乱其所为，所以动心忍性(7)，曾益其所不能(8)。人恒过，然后能改；困于心，衡于虑(9)，而后作；征于色，发于声，而后喻。入则无法家拂士，出则无敌国外患者(10)，国恒亡。然后知生于忧患而死于安乐也。”——《告子》下

【今译】 孟子说：“舜从田野之中发达起来，传说从筑墙的工作中被提拔起来，胶鬲从鱼盐的工作中被提拔起来，管夷吾从狱官的手里被释放而被提拔起来，孙叔敖从海边被提拔起来，百里奚从市场被提拔起来。所以天将把重大任务落到某人身上，一定要苦恼他的心志，劳累他的筋骨，饥饿他的肠胃，穷困他的身子，他的每一行为总是不能如意，这样，便可以震动他的心意，坚韧他的性情，增加他的能力，才能有所发愤而创造；表现在面色上，吐发在言语中，才能被人了解。一个国家，国内没有有法度的大臣和足为辅弼的士子，国外没有相与抗衡的邻国和外患的，经常容易被灭亡。这样，就可以知道忧愁患害足以使人生存，安逸快乐足以使人死亡的道理了。”

【注释】

(1) 舜发于畎亩之中：舜曾耕于历山，又见《万章上》。

(2) 傅说举于版筑之间：《史记·殷本纪》云：“武丁夜梦得圣人，名曰说。以梦所见，视群臣百吏皆非也，于是乃使百工营求之野，得说于傅险中。是时说为胥靡（轻刑之名），筑于傅险，见于武丁，武丁曰：‘是也’。得而与之语，果圣人，举以为相。殷国大治，故遂以傅险姓之，号曰傅说。”版筑：古人筑墙，用两版相夹，实土于其中，以杵筑之。

(3) 胶鬲举于鱼盐之中：胶鬲，殷贤人，初隐为商，周文王于鬻（yù）

贩鱼盐之中得其人，举而进之于纣。

（4）管夷吾举于士：管夷吾即管仲。“士”为狱官之长。

（5）孙叔敖：楚国令尹（宰相），《荀子》和《吕氏春秋》都曾说他本是“期思之鄙人”楚之期思疑即今河南固始东北蒋家集之地，在淮河支流之滨，这可能就是孟子所谓“举于海”的根据。

（6）百里奚举于市：百里奚，春秋虞人，事虞公为大夫，虞亡适秦，秦穆公举之于市，任以为相。

（7）忍性：赵岐《注》云：“坚忍其性”。

（8）曾：同“增”。

（9）衡：同“横”。

（10）入则无法家拂士，出则无敌国外患者：赵岐《注》云：“入，谓国内也；出，谓国外也。”“拂”，假借为“弼”。赵岐《注》云：“法度大臣之家，辅拂之士。”

**7.【章旨】 孟子说：人遭遇忧患困境，恒能增益其所不能。**

【原文】 孟子曰：“人之有德慧术知者[(1)]，恒存乎疢疾[(2)]。独孤臣孽子[(3)]，其操心也危[(4)]，其虑患也深，故达[(5)]。” ——《尽心》上

【今译】 孟子说：“人之所以有道德、智慧、本领、知识，经常是由于他有灾患。只有孤立之臣、庶孽之子，他们时常提高警惕，考虑灾患，所以才通达事理。”

【注释】

（1）德慧术知：赵岐《注》云：“德行、智慧、道术（学术，学问）、才智。”

（2）疢（chèn）疾：灾患。

（3）孤臣：疏远不被宠幸（重用）之臣。孽子：非嫡妻之子叫做庶子，也叫孽子，地位卑贱。

（4）危：不安。

（5）达：通达事理，即具有德、慧、术、智。

**八至九章：表明大丈夫可以不为外在之形势所劫夺。**

**8.【章旨】 孟子答陈臻之问，论述君子“辞受取与，皆当以义为依归”。**

【原文】 陈臻问曰[(1)]：“前日于齐，王馈兼金一百而不受[(2)]；于宋[(3)]，

馈七十镒而受；於薛[4]，馈五十镒而受。前日之不受是，则今日之受非也。今日之受是，则前日之不受非也。夫子必居一於此矣。”孟子曰：“皆是也。当在宋也，予将有远行[5]，行者必以赆[6]；辞曰：‘馈赆。’予何为不受？当在薛也。予有戒心[7]，辞曰：‘闻戒，故为兵馈之[8]。予何为不受？若于齐，则未有处也[9]；无处而馈之，是货之也[10]。焉有君子而可以货取[11]乎？”

——《公孙丑》下

【今译】 陈臻问道：“前些日子在齐国，齐王送您上等金一百镒，您不接受；后来在宋国，宋君送您七十镒，您接受了；在薛，薛君送您五十镒，您也接受了。如果过去的不接受是正确的，那今天的接受便错了；如果今天接受是正确的，那过去的不接受便错了。二者之中，老师一定有一个错误。”孟子说：“都是正确的。当在宋国的时候，我准备远行，对远行的人一定要送些盘费，因此他说：‘送上一点盘费吧。’我为什么不接受？当在薛的时候，我听说路上有危险，须要戒备，因此他说：‘听说您须要戒备，送点钱给您买兵器吧。’我为什么不接受？至于在齐国，就没有什么理由。没有什么理由却要送我一点钱，这实际上是用金钱收买我。哪里有正人君子能够用金钱来收买的呢？”

【注释】

（1）陈臻：孟子的弟子。

（2）兼金一百：兼金，好金，其价兼倍于常者。古之所谓金，实际上是铜。一百，一百镒。古者以一镒为一金，一镒重二十两。

（3）宋：国名，武王灭商，封纣子武庚于宋。成王时，武庚与管叔、蔡叔谋叛，被诛，乃改封微子启为宋公，故城在今河南省商丘县。

（4）薛：齐靖郭君田婴封邑，春秋时之薛国，而亡于齐者也。

（5）予将有远行：当时孟子将离开宋国而往魏国。

（6）赆（jìn）：送行者赠给别离者的礼物。

（7）戒心：戒备意外之心。当时有人欲加害孟子，孟子设兵以戒备之。

（8）为兵馈之：为孟子兵备而以金赠送之。

（9）处：引申为“理由”。未有处，即无任何名义。

（10）货：动词，贿赂之意。

（11）取：收买之意。

**9.【章旨】 孟子指出：能居仁立礼行义，有独立不挠之人格者，始得为大丈夫；而纵横之徒，乃妾妇之道罢了。**

【原文】 景春曰[1]：“公孙衍、张仪岂不诚大丈夫哉[2]？一怒而诸侯惧，安居而天下熄[3]。”孟子曰：“是焉得为大丈夫乎？子未学礼乎？丈夫之冠也，父命之[4]；女子之嫁也，母命之，往送之门，戒之曰：‘往之女家，必敬必戒，无违夫子！’以顺为正者，妾妇之道也。居天下之广居，立天下之正位，行天下之大道[5]；得志，与民由之[6]；不得志，独行其道[7]。富贵不能淫[8]，贫贱不能移[9]，威武不能屈[10]，此之谓大丈夫。” ——《滕文公》下

【今译】 景春说：“公孙衍和张仪难道不是真正的大丈夫吗？一发脾气，诸侯个个害怕；安静下来，天下顿时太平。”孟子说：“这怎么能叫大丈夫呢？你没有学过礼吗？男子行加冠礼时，父亲要加以训导；女子出嫁的时候，母亲要加以训导，把她送到门口，告诫她说：‘到了你家里，一定要恭敬，一定要谨慎，不要违背丈夫！’以顺从为最高原则的，是做妇人的道理。[至于男子,]应住在天下最宽广的住宅——“仁”里，站在天下最正确的位置——“礼”上，走着天下最光明的大道——义；得志时，同老百姓一道走在这条大路上；不得志时，一个人也要走这条路。富贵不能乱我之心，贫贱不能变我之志，威武不能屈我之节，这样才叫做大丈夫。”

【注释】

（1）景春：与孟子同时的纵横家。《汉书·艺文志》中有《景子》十三篇，不知是否此人所著。

（2）公孙衍、张仪：公孙衍即魏人犀首，当时著名的说客，在秦任大良造的官，又曾配五国相印。张仪，魏人，游说六国连横去服从秦国的大政客。按景春所言之日，正二人春风得意之时。所以未言及苏秦者，盖斯时秦已去世故。

（3）熄：烽火熄。

（4）丈夫之冠也，父命之：古时男子到了二十岁，便可算作成年人行加冠礼。

（5）广居、正位、大道：朱熹《集注》云：“广居，仁也。正位，礼也；大道，义也。”按之《论语》“立于礼”、《孟子》“居仁由义”（《尽心上》）、“仁，人之安宅也”（《公孙丑上》、《离娄上》）、“义，人路也”（《告子上》）诸语，朱熹此释，最得孟子之心。

（6）得志与民由之：得志之时，把所得之道，推行于民。

（7）独行其道：独自行其所得之道。

（8）淫：荡乱其心志。

（9）移：变易其节操。

（10）屈：挫折其志气。

**十至十二章；论述君子能与人为善，以仁礼存心；而自有其乐者。**

**10.【章旨】 孟子举子路、禹、舜三圣贤乐善之诚，以勉励人与人为善。**

【原文】 孟子曰："子路，人告之以有过，则喜。禹闻善言[1]，则拜。大舜又大焉[2]，善与人同[3]，舍己从人，乐取于人以为善。自耕稼、陶、渔以至为帝，无非取于人者[4]。取诸人以为善，是与人为善者也[5]。故君子莫大乎与人为善。"

——《公孙丑》上

【今译】 孟子说："子路，别人把他的错误指点给他，他便高兴。禹听到了善言，就给人敬礼。伟大的舜更是了不得，他对于行善，没有别人和自己的区分，抛弃自己的不是，接受人家的是，非常快乐地吸取别人的优点来自己行善。从他种庄稼，做瓦器，做渔夫一直到做天子，没有一处优点不是从别人那里吸取来的。吸取别人的优点来自己行事，这就是偕同别人一道行善。所以君子最高的德行就是偕同别人一道行善。"

【注释】

（1）禹闻善言：禹，古代历史传说中夏朝开创的天子，也是中国第一位治理洪水的伟大人物。《尚书·皋陶谟》："禹拜昌言。"《史记·夏本纪》"昌言"改作"美言"，亦即《孟子》的"善言"。

（2）有：同"又"。

（3）善与人同：即"善与人通"。

（4）耕稼陶渔：《史记·五帝本纪》云："舜耕历山，历山之人皆让畔；渔雷泽，雷泽之人皆让居；陶河滨，河滨器皆不苦窳。一年所居成聚，二年成邑，三年成都。"

（5）与：偕，同。

**11.【章旨】 孟子说：君子以仁礼存心，时刻反省，不忧其患，惟忧不若圣人也。**

【原文】 孟子曰："君子所以异于人者，以其存心也。君子以仁存心，以礼存心。仁者爱人，有礼者敬人。爱人者，人恒爱之；敬人者，人恒敬之。有人于此，其待我以横逆[1]，则君子必自反[2]也：我必不仁也，必无礼也，此物奚宜至哉[3]？其自反而仁矣，自反而有礼矣，其横逆由是[4]也，君子必自反也：我必不忠。自反而忠矣，其横逆由是也，君子曰：'此亦妄人也已矣。如此，则与禽兽奚择哉[5]？于禽兽又何难焉[6]？'是故君子有终身之忧[7]，无一朝之患[8]也。乃若所忧则有之：舜，人也；我，亦人也。舜为法于天下，可传于后世，我由未免为乡人[9]也，是则可忧也。忧之如何？如舜而已矣。若夫君子所患则亡矣[10]。非仁无为也，非礼无行也。如有一朝之患，则君子不患[11]矣。"

——《离娄》下

【今译】 孟子说："君子和一般人不同的地方，就在于居心不同。君子心里老惦记着仁，惦记着礼。仁人爱别人，有礼的人尊敬别人。爱别人的人，别人总爱他；尊敬别人的人，别人总是尊敬他。假如这里有个人，对待我蛮横无理。那君子一定反躬自问，我一定不够仁，一定不够有礼，不然，这种态度怎么会来呢？反躬自问，我实在仁，实在有礼，那人的蛮横无理还是原样，君子一定又反躬自问，我一定不够忠心。反躬自问，我实在忠心耿耿，那人的蛮横无理还是原样，君子就会说：'这不过是个妄人罢了，这样不讲理，那和禽兽有什么区别呢？对于禽兽又有什么好责备的呢？' 所以君子有一种终身都存在的忧虑。却没有一时从外面来的祸患。至于君子所忧患的事业有一件：舜是人，我也是人。舜是天下人的榜样，能流芳百世，我却仍然不免是个乡巴佬，这个才是值得忧虑的事。忧虑又怎么办呢？只有使自己能像舜就是了。至于君子对别的痛苦，那是没有的。不是仁爱的事不干，不合礼节的事不做。即使有意外飞来的横祸，君子也不以为痛苦了。

【注释】

(1) 横（hèng）逆：蛮横，强暴，不讲理。

(2) 自反：自我省察。

(3) 物：通"事"。此物：这样的事。奚宜：怎么会。至：到来。

(4) 由是：由通"犹"；由是，指还是如此。

(5) 择：区别，不同。奚择：有何区别。

(6) 难（nàn）：责难，计较之意。何难：何足与之计较。

(7) 终身之忧：这里指孟子对自己不如尧、舜而忧虑，即"稍一懈惰，即不能企及圣贤，故无时不以为忧"。

(8) 一朝之患：指突然来的横祸。

(9) 乡人：乡里的人，这里指平凡无所建树的人。

(10) 亡：通"无"。

(11) 君子不患：君子不以为患，即君子不以此为祸患（痛苦）。

**12.【章旨】 孟子论君子有三乐，其乐过于有天下。**

【原文】 孟子曰："君子有三乐，而王天下不与存[1]焉。父母俱存，兄弟无故[2]，一乐也；仰不愧于天，俯不怍于人，二乐也；得天下英才[3]而

教育之，三乐也。君子有三乐，而王天下不与存焉。” ——《尽心》上

【今译】 孟子说：君子有三件快乐的事，但是称王于天下并不在其中。父母都健在，兄弟没灾患，是第一种乐趣；抬头无愧于天，低头无愧于人，是第二种乐趣；得到天下优秀人才而对他们进行教育，是第三种乐趣。君子有三种乐趣，但是称王于天下并不在其中。

【注释】

（1）不与存：与，参与；不与存，指不包括在内。

（2）故：事故，灾患。无故，无他变故。

（3）英才：才能过人者。

**十三至十四章：表明士不可自暴自弃，应高尚其志，以居仁由义。**

**13.【章旨】 孟子哀痛暴弃仁义者自甘堕落。**

【原文】 孟子曰：“自暴者[1]，不可与有言也；自弃者，不可与有为也[2]。言非礼义[3]，谓之自暴也；吾身不能居仁由义[4]，谓之自弃也。仁，人之安宅[5]也；义，人之正路[6]也。旷[7]安宅而弗居，舍正路而不由，哀哉！”

——《离娄》上

【今译】 孟子说：“自己残害自己的人，不能和他谈出有价值的话；自己抛弃自己的人，不能和他作出有价值的事。开口便非议礼义，这便叫做自己残害自己；认为自己不能以仁居心，不能实践道义，这便叫做自己抛弃自己。仁是人类最安适的住宅；义是人类最正确的道路。把最安适的住宅空着不去住，把最正确的道路丢掉不去走，可悲呀！”

【注释】

（1）暴：即“害”。自暴，指自己残害自己。

（2）有言，有为：均应看做固定词组。“有为”亦作“有形”，“有所作为”之意；有言，“有善言”之意。

（3）非：诋毁。

（4）由义：行义。

（5）安宅：可安居的住宅，此用以比喻“仁”。

（6）正路：正大的道路，此用以比喻“义”。

（7）旷：同“空”，指空置不用。

**14.【章旨】 孟子说：士贵尚志，而志之所尚，仁义而已。**

【原文】 王子垫问曰[1]：“士何事？”孟子曰：“尚志[2]。”曰：“何谓

尚志？”曰：“仁义而已矣。杀一无罪非仁也，非其有而取之非义也。居恶在[3]？仁是也；路[4]恶在？义是也。居仁由义，大人之事备矣。”——《尽心》上

【今译】 王子垫问道：“士做什么事？”孟子答道：“要使自己的志行高尚。”问道：“怎样才算是自己的志行高尚？”答道：“行仁和义罢了。杀一个无罪的人，是不仁；不是自己所有，却取了过来，是不义。居心该在哪里呢？在于仁；正路在哪里呢？在于义。住在仁的宅子里，走在义的大路上，便够格做一个士大夫了。”

【注释】

（1）王子垫：赵岐《注》云：“齐王子，名垫也。”

（2）尚志：高尚其志。

（3）居恶在：居，指居心。恶（wù）：何。恶在：何在。

（4）路：行事。

## 成 语 集 锦

**1. 反求诸己：** 反省自责。比喻遇事从自身找原因。

**2. 自求多福：** 多福当由自己去寻求。

**3. 动心忍性：** 激励其心，坚韧其性。

**4. 困心横虑：** 心志困苦不通，思虑梗塞不顺。

**5. 生于忧患：** 由于忧患而奋斗从而得以生存。

**6. 操危虑深：** 深远地思虑未来的忧患。在儒家思想看来，人当常怀危惧不安之心，做事小心谨慎，才不会出错。

**7. 闻过则善：** 听到别人指出自己的缺点、错误就感到高兴。形容虚心，对自己要求严格。

**8. 与人为善：** 帮助别人一起行善，现多指善意帮助别人。

**9. 舍己从人：** 改正自己的过失，接受（学习）别人的长处（优点）。

**10. 终身之忧：** 无时不以不能企及圣贤为忧。

**11. 一朝之患：** 指突然来的横祸。

**12. 俯仰无愧：** 做事存心上不愧于天，下不愧于人。

**13. 自暴自弃：** 自己害自己，自己嫌弃自己。

**14. 宅心仁厚：** 比喻心地仁慈、敦厚。

**15. 居仁由义：** 以仁居心，以义行事。

16. **高尚其志**：使自己的心志高尚。

## 要句精析

1. **孟子曰："人不可以无耻。无耻之耻，无耻矣[3]。"**

句旨：人能以无耻为耻，终身就不会有耻辱之事缠身。

2. **为机变之巧者，无所用耻焉。不耻不若人，何若人有?**

句旨：不及他人而不觉可耻，哪还有什么可以及人。

3. **爱人不亲，反其仁；治人不治，反其智；礼人不答，反其敬。**

句旨：反求诸己。

4. **西子蒙不洁，则人皆掩鼻而过之；虽有恶人，齐戒沐浴，则可以祀上帝。**

句旨：勉励人宜改过迁善。

5. **困于心，衡于虑，而后作。**

句旨："衡于虑"意思是"思虑上觉得有阻碍不顺当"。

6. **人之有德慧术知者，恒存乎疢疾。**

句旨：人所以有德慧术知，往往由灾祸困厄中磨炼而得。

7. **善与人同，舍己从人。**

句旨："舍己从人"意思是抛弃自己的不是，接受（学习）别人的长处（优点）。

8. **取诸人以为善，是与人为善者也。**

句旨：采取别人的善言善行以成善事，就是帮助别人做善事。

9. **君子莫大乎与人为善。**

句旨：君子的美德，没有比帮助人行善更伟大的了。

10. **君子有终身之忧，无一朝之患。**

句旨："终身之忧"是指君子忧虑自己的修德立业不如尧、舜圣贤。"一朝之患"是指君子不怕突来横逆。

# 五、论教学

（选十二章）

**一至二章：表明施教方法甚多，应因材施教。**

**1. 【章旨】 孟子论圣贤施教，因其材之高下而各有不同。**

【原文】 孟子曰：“君子之所以教者五：有如时雨化之者[1]，有成德[2]者，有达财[3]者，有答问者，有私淑艾者[4]。此五者，君子之所以教也。”

——《尽心》上

【今译】 孟子说：“君子教育的方式有五种：有像及时雨那样灌溉万物的，有成全品德的，有培养才能的，有解答疑问的，还有以流风余韵让后人学习的。这五种是君子的教育方式。”

【注释】

（1）时雨化之：时雨，及时之雨。此句是指：良好的教育使人潜移默化，有如及时雨沐浴草木一般。

（2）成德：因其本身有的德性而教导他人，使他人有成就。

（3）达财：“财”同“材”。因其材而教导之，使能通达而成为有用的人。

（4）私淑艾：淑，同“叔”，意为“拾”；艾同“刈”，意为“治”。私淑艾：指不能亲自指导，但能以个人的言行感召他人，使他人愿意学习而获益。

**2. 【章旨】 孟子说：不屑之教诲，也是一种教诲。**

【原文】 孟子曰：“教亦多术矣[1]，予不屑之教诲也者[2]，是亦教诲之而已矣。”

——《告子》下

【今译】 孟子说：“教育也有多种方式，我不屑于去教诲他，这也是一种教诲呢。”

【注释】

（1）多术：方法很多。

（2）不屑之教诲：因某人不可教而拒绝教诲。

**三至四章；表明环境对于教学效果影响甚大。**

**3.【章旨】 孟子指出：人乐有贤父兄，以其能教养自己，若弃而不教，则与不肖之父兄相去无几，示为人父兄者，不可不教导子弟。**

【原文】 孟子曰："中也养不中，才也养不才[1]，故人乐有贤父兄[2]也。如中也弃[3]不中，才也弃不才，则贤不肖[4]之相去，其间不能以寸[5]。"

——《离娄》下

【今译】 孟子说："品质好的人来教养那些品质不好的人，有才能的人来教养那些没才能的人，所以人人都喜欢有好父兄。如果品质好的人不去教养那些品质不好的人，有才能的人不去教养那些没才能的人，那么，所谓好，所谓不好，他们中间的距离也就相近得不能用分寸来计量了。"

【注释】

（1）中：无过无不及的中道，在此指具有此中证之道的人。才，才能。在此指具有才能的人。养：涵养教导，教养。

（2）"故人乐……"：为有贤能的父兄教导自己而高兴。

（3）弃：弃而不教。

（4）不肖：不贤。

（5）不能以寸：此句后省略了动词"量"字。不能以寸衡量，指相差无几。

**4.【章旨】 孟子以学习方言为喻，说明环境对人的影响很大。**

【原文】 孟子谓戴不胜曰[1]："子欲子之王之善与？我明告子。有楚大夫于此，欲其子之齐语也，则使齐人傅诸，使楚人傅诸？"曰："使齐人傅之。"曰："一齐人傅之，众楚人咻之[2]，虽日挞而求其齐也，不可得矣；引而置之庄岳之间数年[3]，虽日挞而求其楚，亦不可得矣。子谓薛居州，善士也。使之居于王所。在于王所者，长幼卑尊皆薛居州也，王谁与为不善？在王所者，长幼卑尊，皆非薛居州也，王谁与为善？一薛居州，独如宋王何[4]？"

——《滕文公》下

【今译】 孟子对戴不胜说："你想你的君王学好了吗？我明白告诉你。这里有位楚国的大臣，希望他儿子会说齐国话，那么，找齐国人来教呢？还是楚国人来教呢？”答道：“找齐国人来教。”孟子说：“一个齐国人教他，却有许多楚国人在起哄，即使你每天鞭打他，逼他说齐国话，也不能达到目的；如果把他带到临淄城里的庄街、岳里住上几年，就是每天鞭打他，逼他说楚国话，那也做不到了。你说薛居州是个好人，要他住在王宫里［影响王，使他学好］。如果住在王宫里的人，不论大的小的，贱的贵的，都是像薛居州那样的好人，那王和谁去干坏事呢？如果住在王宫里的人，不论大的小的，贱的贵的，都不是好人，那王又和谁去干好事呢？一个薛居州能把宋王怎么样呢？”

【注释】

（1）戴不胜：宋国大夫。

（2）咻：吼。吵：喧扰。

（3）庄岳：庄，街名；岳，里名，齐都热闹地。

（4）独：通“将”。这句话的意思是：将（能）对宋王怎么样呢？

**五至六章：论述求学当自强不息，循序渐进。**

**5.【章旨】 孟子论述水有本不竭，无本则涸，喻学应务本。**

【原文】 徐子曰[(1)]：“仲尼亟称于水，曰：‘水哉，水哉[(2)]！’何取于水也？”孟子曰：“原泉混混[(3)]，不舍昼夜。盈科而后进[(4)]，放乎四海。有本者如是，是之取尔[(5)]。苟为无本，七八月之间雨集[(6)]，沟浍皆盈；其涸也，可立而待也。故声闻过情[(7)]，君子耻之。” ——《离娄》下

【今译】 徐子说：“从前孔子屡次称赞说‘水呀，水呀！’究竟流水有什么可取的地方呢？孟子说：“泉水滚滚向下流，昼夜不息，把坑坑坎坎灌满后，又继续奔流，一直到海洋之中。有本源的都是这样，孔子正是看中了这一点。如果没有本源，纵然七八月间大雨滂沱，把大小沟渠都灌满了；但是它的干涸，也就是一会儿功夫。所以名誉超过实际的，君子引以为耻。”

【注释】

（1）徐子：名辟，孟子弟子。

（2）“仲尼亟称于水……”：今已无籍可征。亟（qì）：屡次。

（3）混混：今写作“滚滚”，混、滚古音相近。

（4）盈科：盈，即“满”；科，坎。盈科：充满坑坎。

（5）是之取尔：是，同“此”。此句是说：孔子正是看中了这一点。“是之取尔”是“取是尔”的倒装。“尔”同“耳”。

（6）七八月之间雨集：周历七八月当夏历五六月，正是雨多之季。

（7）闻（wèn）：指名誉。

**6.【章旨】 孟子指出：圣道广大而有本源，学者当从源头处入手，循序渐进，方能有成就。**

【原文】 孟子曰："孔子登东山而小鲁[1]，登泰山而小天下，故观于海者难为水，游于圣人之门者难为言。观水有术，必观其澜[2]。日月有明[3]，容光必照焉[4]。流水之为物也，不盈科不行；君子之志于道也，不成章不达[5]。"

——《尽心》上

【今译】 孟子说："孔子上了东山，便觉得鲁国小了；上了泰山，便觉得天下也不大了；所以对于看过海洋的人，别的水便难于吸引他了；对于曾在圣人之门学习过的人，别的议论也就难于吸引他了。看水有方法，一定要看它的波澜壮阔。太阳、月亮都有光辉，一点儿缝隙都一定照得到。流水这个东西不把土坎流满，就不会再向前流；君子有志于道，没有一定的成就，也就不能通达。"

【注释】

（1）东山：鲁城东高山，即当今蒙山，在今山东省蒙阴县南。小鲁：以鲁为小，"小"是动词。

（2）观其澜：观看它那壮大的波澜，则知其有本。

（3）日月有明：日月就是发光的本体。

（4）容光：赵岐《注》云："容光，小隙也。"焦循《正义》云："苟有丝发之际可以容纳，则光必入而照焉。"所容纳光线的小细缝。此句是指日、月光辉无所不至。

（5）成章：《说文》："乐竟为一章。"由此引申，事物达到一定阶段具有一定规模，则可曰成章。学问积累深厚，文章自然展现。达：通达正道。

**七至九章；论述为学当专心致志，持之以恒。**

**7.【章旨】 孟子告诫：学习应该专心致志，不可一曝十寒。**

【原文】 孟子曰："无或乎王之不智也[1]。虽有天下易生之物也，一日暴[2]之，十日寒[3]之。未有能生者也。吾见亦罕矣，吾退而寒之者至矣。吾如有萌[4]焉何哉！今夫弈之为数[5]，小数也；不专心致志，则不得也。弈秋，通国之善弈者也。使弈秋诲二人弈，其一人专心致志，惟弈秋之为听。

一人虽听之，一心以为有鸿鹄将至[6]，思援弓缴而射之[7]，虽与之俱学，弗若之矣。为[8]是其智弗若与？曰：非然也。” ——《告子》上

【今译】 孟子说：“王的不明智，不值得奇怪。纵使有一种最容易生长的植物，晒它一天，冷它十天，没有能够再长的。我和王相见的次数也太少了，我退居在家，把他冷淡得也到了极点了，我对于他善良之心的萌芽能有什么帮助呢？譬如下棋，这只是小技艺，但如果不一心一意，也就学不好。奕秋是全国的下棋圣手。假使让他教导两个人，一个一心一意，只听奕秋的话。另一个呢，虽然听着，而心里却以为有只天鹅快要飞来，想拿起弓箭去射它。这样，纵使和那个人一道学习，成绩一定不如人家。是因为他的才智不如人家吗？不是这样的。”

【注释】

（1）或：同“惑”，疑惑。王，指齐宣王。

（2）暴，通“曝”。

（3）寒：阴寒，在此作动词用。

（4）萌：指萌蘖之生。

（5）弈之为数：奕，指“博弈，下棋”；数，通“技”。

（6）鸿鹄：天鹅。

（7）缴（zhuó）：系着丝线的箭为缴。

（8）为：与“谓”同义。

**8.【章旨】 孟子勉励人做事为学，不可半途而废，以致前功尽弃。**

【原文】 孟子曰：“有为者辟[1]若掘井，掘井九轫而不及泉[2]，犹为弃井[3]也。” ——《尽心》上

【今译】 孟子说：“做一件事譬如掏井，掏到六七丈深还不见泉水涌出，就此停住还是一眼废井。”

【注释】

（1）辟：通“譬”。

（2）轫：同“仞”，七尺曰仞。

（3）弃井：废弃无用之井。

**9.【章旨】 孟子告诫：为学不可间断。**

【原文】 孟子谓高子曰：“山径之蹊间[1]，介然用之而成路[2]；为间不用[3]，则茅塞[4]之矣。今茅塞子之心矣。” ——《尽心》下

【今译】 孟子对高子说道："山坡上的小路，经常去走它就变成了一条路；只要有一个时候不去走它，又会被茅草阻塞了。现在茅草也把你的心堵塞了。"

【注释】

（1）山径之蹊：径，同"陉"，指山坡。蹊（xī）：凡始行之以待后行之径曰蹊。

（2）介然用之：指很短的时间。用，通"行"，即经常行走之意。

（3）为间：即"有间"，为时不久之意。

（4）茅塞：塞（sè），色。这里指被茅草阻塞。

**十至十二章：论述为学当立志远大，运用方法，掌握要旨，而归于自得。**

**10.【章旨】 孟子指出：为学须立志远大，遵循法则，然后可成。**

【原文】 孟子曰："羿之教人射，必志于彀[(1)]；学者亦必志于彀。大匠[(2)]诲人必以规矩，学者亦必以规矩。"

——《告子》上

【今译】 孟子说："羿教人射箭，一定拉满弓；学习的人也一定要求努力拉满弓。技艺精湛的木工带徒弟，一定依照规矩，学习的人也一定要依照规矩。"

【注释】

（1）羿：夏代有穷国国君，善射。彀（gòu）：指满弓。志，通"期"。此句话的意思是：期望学习者把弓拉满。

（2）大匠：手艺精湛的工匠。

**11.【章旨】 孟子教人为学要深入极境，融会于心。**

【原文】 孟子曰："君子深造之以道[(1)]，欲其自得[(2)]之也。自得之，则居之安[(3)]；居之安，则资之深[(4)]，资之深，则取之左右逢其原[(5)]，故君子欲其自得之也。"

——《离娄》下

【今译】 孟子说："君子依循正确的方法来得到高深的造诣，就是要求他自觉地有所得。自觉地有所得，就能牢固地掌握它而不动摇；牢固地掌握它而不动摇，就能积蓄很深；积蓄很深，便能取之不尽，左右逢源，所以君子要自觉地有所得。"

【注释】

（1）造：通"至"。之：指所学。道：在此指正确的学习方法。此句话是说：将正确的治学方法，深入到所研究的学问里。

（2）自得：融会贯通，自然地领悟于心。

（3）安，牢固而不动摇。

（4）资：通“积”。

（5）“……左右逢其原”：取用时，随处皆可遇到其本源，从而取之不尽用之不竭。

**12.【章旨】 孟子指出：为学要能融会贯通，由博返约。**

【原文】 孟子曰：“博学[1]而详说[2]之，将以反说约[3]也。”

——《离娄》下

【今译】 孟子说：“广博地学习，详细地解说，[是为了融会贯通以后，]能回到用浅显的话表达高深的道理的地步。”

【注释】

（1）博学：广博地研究。

（2）详说：详细地解说。

（3）反说约：约，指精要的原理。此句话的意思是：融会贯通之后，回过头来说明其精要的原理。

## 成语集锦

**1. 如时雨化：** 比喻善于教育，教育人有如及时雨沐浴草木一般。

**2. 成德达财：** 顺其本有的德性加以培养，使其有成就；依其才能加以指引，使其能通达，成为有用之才。

**3. 不屑教诲：** 对不求上进的人，则拒绝教诲。

**4. 一傅众咻：** 一个人教他，许多人喧扰他。

**5. 原泉混混：** 有本源之水不断地涌出来。

**6. 盈科后进：** 流水注满路上的坑坎才能继续前进。比喻学习应循序渐进。

**7. 声闻过情：** 名声超过实情，比喻言过其实。

**8. 一曝十寒：** 晒一天，冻十天。比喻为学做事，一日勤、十日怠，没有恒心。

**9. 茅塞顿开：** 比喻思路闭塞不通的人，因听了他人有启发性的话而突然醒悟。

**10. 由博反约：**广博地研究，然后回过头来简要说明其精辟的道理。

**11. 左右逢源：**学问的工夫深，随处都可遇到所学的本源，则用之不尽，取之不竭。比喻为学做事得心应手。

**12. 潜移默化：**在无形之中感化人的品行。

## 要句精析

**1. 一齐人傅之，众楚人咻之，虽日挞而求其齐也，不可得矣。**

句旨：指出学习环境的重要性。

**2. 引而置之庄岳之间数年，虽日挞而求其楚，亦不可得矣。**

句旨：环境对于教学效果的影响甚大。

**3. 徐子曰："仲尼亟称于水，曰：'水哉，水哉！'何取于水也？"**

句旨：依孟子之见，仲尼之所以称赞水，是由于水有本源。

**4. 原泉混混，不舍昼夜。盈科而后进，放乎四海。**

句旨：学应务本。

**5. 声闻过情，君子耻之。**

句旨：声名超过实际，君子引以为耻。

**6. 七八月之间雨集，沟浍皆盈；其涸也，可立而待也。**

句旨：比喻无本之学，一旦获得美誉，其后则难以为继。

**7. 观于海者难为水**

句旨：比喻所见既大，则其小者不足观。

**8. 观水有术，必观其澜。日月有明，容光必照焉。**

句旨：圣道广大而有本源。

**9. 一人虽听之，一心以为有鸿鹄将至，思援弓缴而射之。**

句旨：比喻不能专心做事。

**10. 有为者辟若掘井，掘井九轫而不及泉，犹为弃井也。**

句旨：孟子告诫为学做事不可半途而废。

**11. 山径之蹊间，介然用之而成路；为间不用，则茅塞之矣。**

句旨：学贵有恒，不可中断，方能有成。

**12. 羿之教人射，必志于彀；学者亦必志于彀。**

句旨：学习必须专心致志。

# 六、论治道

（选十一章）

**一至二章：论述社稷、君王皆为民而设，故得天下、失天下之关键在于是否得民心。**

**1.【章旨】 孟子说：社稷、君王，皆为民而立；如果不能尽职，则当更置；人民为国家根本，故民贵君轻。**

【原文】 孟子曰："民为贵，社稷[(1)]次之，君为轻。是故得乎丘民而为天子[(2)]，得乎天子为诸侯，得乎诸侯为大夫。诸侯危社稷，则变置。牺牲既成[(3)]，粢盛[(4)]既絜，祭祀以时，然而旱干水溢，则变置社稷。"

——《尽心》下

【今译】 孟子说："百姓最为重要，土谷之神为次，君主为轻。所以得到百姓的欢心便能做天子，得到天子的欢心便能做国君，得到诸侯的欢心便能做大夫。诸侯危害国改立。牺牲既已的肥壮，祭品又已洁净，也依一定时候致祭，但是还是遭受旱灾水灾，那就改立土谷之神。"

【注释】

（1）社稷：社，土神。稷，谷神。建国则立坛以祭祀社稷，故常以社稷为国家的代称。

（2）丘民：田野之民，引申为民众。

（3）牺牲既成：牺牲，指用来祭祀的牛、羊、猪等。成，指到了饲养期满，已成肥硕之形。

（4）粢（zī）盛（chéng）：盛在祭器里，这里指黍稷等祭品。

**2.【章旨】 孟子指出：以天下之得失，在于民心之得失，呼吁诸侯及时行仁政，莫自陷于死亡。**

【原文】 孟子曰："桀纣之失天下也，失其民也；失其民者，失其心也。

得天下有道：得其民，斯得天下矣；得其民有道：得其心，斯得民矣；得其心有道：所欲与之聚之[1]，所恶勿施，尔也[2]。”

“民之归仁也，犹水之就下、兽之走圹也[3]。故为渊驱鱼者，獭也；为丛驱爵者[4]，鹯也；为汤武驱民者，桀与纣也。今天下之君有好仁者，则诸侯皆为之驱矣。虽欲无王，不可得已。今之欲王者，犹七年之病求三年之艾也[5]。苟为不畜，终身不得。苟不志于仁，终身忧辱，以陷于死亡。《诗》云：‘其何能淑，载胥及溺[6]。’此之谓也。” ——《离娄》上

【今译】 孟子说：“桀和纣之所以丧失天下，是由于失去了老百姓；失去了老百姓，是由于失去了民心。获得天下有办法：得到了老百姓，就得到天下了；获得老百姓有方法：赢得了民心，就得到老百姓了；获得民心也有方法：他们所希望的，替他们积聚起来，他们所厌恶的，不要加在他们头上，如此罢了。”

老百姓向仁德仁政归服，就如同水流向下游、兽奔向旷野一样。所以，为深潭把鱼赶来的是水獭；为森林把鸟雀赶来的是鹞鹰；为商汤、周武把老百姓赶来的，就是桀和纣了。当今天下的君主中如果有好施行仁政的，那其他诸侯都会为他把老百姓赶来的。即使他不想统一天下，也是办不到的。但是如今这些希望用仁政统一天下的人，就比如害了七年的痼疾，要用三年的陈艾来医治，平常如果不积蓄，终身都会得不到。如果无意于仁政，那一辈子都将陷于忧患与屈辱之中，以至于死亡。《诗经》上说：‘那如何能办得好，全都落水淹死了。’正是这个意思。”

【注释】

（1）与之聚之：与，通“为（wèi）”。此句话的意思是：为其聚积之。

（2）尔也：如此而已，不过如此罢了。

（3）圹：同“旷”，旷野。

（4）爵：同“雀”。

（5）三年之艾：艾，用于针灸治疗的药，愈陈则疗效愈佳。

（6）其何能淑，载胥及溺：见《诗经·大雅·桑柔》。淑：善。胥：都，均。及：与。溺：陷。此句话的意思是：如今诸侯之所为，如何能有善政？则君臣只有一起陷溺于乱亡而已。

## 三至四章：论述为政者当“尊贤使能，施行仁政，以善尽治民之责”。

**3.【章旨】 孟子指出：治国当贵德尊士，任贤使能，施行仁政，以防患于未然。**

【原文】 孟子曰：“仁则荣，不仁则辱；今恶辱而居不仁，是犹恶湿而居下也。如恶之，莫如贵德而尊士，贤者在位，能者在职；国家闲暇，及是

时，明其政刑[(1)]。虽大国，必畏之矣。《诗》云[(2)]：'迨天之未阴雨，彻彼桑土[(3)]，绸缪牖户[(4)]。今此下民[(5)]，或敢侮予？'孔子曰：'为此诗者，其知道乎！能治其国家，谁敢侮之？'"

"今国家闲暇，及是时般乐怠敖[(6)]，是自求祸也。祸福无不自己求之者。《诗》云[(7)]：'永言配命[(8)]，自求多福。'《太甲》曰[(9)]：'天作孽，犹可违[(10)]；自作孽，不可活[(11)]。'此之谓也。"

——《公孙丑》上

【今译】 孟子说："[诸侯卿相]如果施行仁政，就会得到荣誉；如果不施行仁政，就会招致屈辱。如今这些人，害怕受屈辱，却依然自处于不仁之地，这正好比害怕潮湿，却又自处于低洼之地一样。若真害怕受屈辱，最好是崇尚道德而尊敬士人，让贤人居于高位，让能人担任要职。国家既无内忧外患，趁着这时修明政治法典，即便是强大的邻国也一定畏惧它了。《诗经》说：'趁雨没下云没起，桑树根上剥些皮，门儿窗儿都修理。下面的人们，谁敢把我欺！'孔子说：'这诗的作者真懂道理呀！能治理好他的国家，谁敢侮辱他？'"

"如今国家没有内忧外患，追求享乐，怠惰游玩，这等于自己寻求祸害。祸害和幸福没有不是自己找来的。《诗经》说：'我们永远要与天命相配，自己去追求更多的幸福。'《太甲》也说：'天降的灾祸还可以躲避，自作的罪孽，逃也逃不掉。'正是这个意思。"

【注释】

（1）刑：通"法"。

（2）"《诗》云……"：见《豳风·鸱鸮》。

（3）彻彼桑土：彻，通"取"。桑土，读为"桑杜（dù）"，《韩诗》即作"桑杜"。《方言》："东齐谓根曰杜。"《毛传》："桑土，桑根也。"此句是指桑根之皮，桑根皮可作绳索用。

（4）绸缪（móu）：缠结。

（5）下民：诗句用鸱鸮（形似黄雀的小鸟）口吻，其巢在上，故称"下民"。

（6）般乐怠敖：般（pán）乐为同义复词，《尔雅》："般，乐也。"怠：怠惰。敖同"遨"，出游的意思。

（7）"《诗》云……"：见《大雅·文王》。

（8）永言配命：永，通"长"。配命，是指我周朝之命与天命相配。言：语助词，无意义。

(9)《太甲》:《尚书》篇名，今已流失。

(10)违：通“避”。

(11)活：《礼记·缁衣》引作“逭”(huàn)，逭，通“逃”。此处“活”通“逭”。

**4.【章旨】 孟子劝谏齐王当尽到牧民之职责。**

【原文】 孟子之平陆[1]，谓其大夫曰[2]：“子之持戟之士[3]，一日而三失伍[4]，则去之否乎[5]？”曰：“不待三。”“然则子之失伍也亦多矣。凶年饥岁，子之民，老羸转于沟壑，壮者散而之四方者，几千人矣。”曰：“此非距心之所得为也。”曰：“今有受人之牛羊而为之牧之者，则必为之求牧与刍矣[6]。求牧与刍而不得，则反诸其人乎？抑亦立而视其死与？”曰：“此则距心之罪也。”他日，见于王曰：“王之为都者[7]，臣知五人焉。知其罪者，惟孔距心。”为王诵之[8]。王曰：“此则寡人之罪也。” ——《公孙丑》下

【今译】 孟子到了平陆，对当地长官孔距心说：“如果你的战士一天三次掉队，你开除他吗？”答道：“用不着三次，[我就开除他了。]”孟子说：“那么，你自己掉队的地方也很多了。灾荒年月，你的百姓，年老体弱抛尸露骨于山沟中，年轻力壮盲流到四方的，几近一千人了。”答道：“这种事情不是我的力量所能做到的。”孟子说：“比如有人接受了别人的牛羊而替人放牧，那一定要替牛羊寻找牧场和草料了。如果找不到牧场和草料，是把牛羊退还原主呢，还是站在那儿看着它们一个个死掉呢？”答道：“这就是距心的罪过了。”过了些时，孟子朝见齐王，说：“王的地方长官，我认识了五位。明白自己的罪过的，只有孔距心一个人。”于是把前一晌的问答复述了一遍。王说：“这个也是我的罪过呢！”

【注释】

(1)平陆：齐边境邑名，在今山东汶上县北。

(2)大夫：战国时的邑宰亦称大夫，相当于今之县长。

(3)持戟之士：战士。戟(jī)，古代兵器的一种。

(4)失伍：落伍，掉队。

(5)去之：使之离去，开除。

(6)牧：牧地。

(7)都：凡邑，有宗庙先君牌位者为都，无曰邑；但都、邑多通称。

(8)诵：背诵复述。

**五至八章：论述治民之道，在使民分工合作，互通有无，并富足民生，施行教化，以达到与民同乐之地步。**

**5.【章旨】 孟子以社会分工之不同，及尧舜治国之史实，驳斥许行君民并耕、市价不二之说。**

【原文】 有为神农之言者许行[1]，自楚之滕，踵门而告文公曰[2]：“远方之人，闻君行仁政，愿受一廛而为氓。”文公与之处。其徒数十人，皆衣褐[3]捆屦[4]，织席以为食。

陈良之徒陈相与其弟辛负耒耜而自宋之滕[5]，曰：“闻君行圣人之政，是亦圣人也，愿为圣人氓。”

陈相见许行而大悦，尽弃其学而学焉。

陈相见孟子，道许行之言曰：“滕君，则诚贤君也；虽然，未闻道也。贤者与民并耕而食，饔飧而治[6]。今也滕有仓廪府库，则是厉民而自养也[7]，恶得贤？” 孟子曰：“许子必种粟而后食乎？”曰：“然。”“许子必织布而后衣乎？”曰：“否，许子衣褐。。”“许子冠乎？”曰：“冠。”曰：“奚冠？”曰：“冠素。”曰：“自织之与？”曰：“否；以粟易之。”曰：“许子奚为不自织？”曰：“害于耕。”曰：“许子以釜甑爨[8]，以铁耕乎[9]？”曰：“然。”“自为之与？”曰：“否；以粟易之”。“以粟易械器者，不为厉陶冶；陶冶亦以其械器易粟者，岂为厉农夫哉？且许子何不为陶冶，舍皆取诸其宫中而用之[10]？何为纷纷然与百工交易？何许子之不惮烦？”

曰：“百工之事固不可耕且为也。”“然则治天下独可耕且为与？有大人之事[11]，有小人之事。且一人之身，而百工之所为备；如必自为而后用之，是率天下而路也[12]。故曰：或劳心，或劳力；劳心者治人，劳力者治于人；治于人者食人，治人者食于人：天下之通义也。当尧之时，天下犹未平，洪水横流，泛滥于天下。草木畅茂，禽兽繁殖，五谷不登，禽兽偪人[13]。兽蹄鸟迹之道交于中国。尧独忧之，举舜而敷治焉[14]。舜使益掌火，益烈山泽而焚之，禽兽逃匿。禹疏九河[15]，瀹济漯而注诸海[16]；决汝汉，排淮泗，而注之江[17]，然后中国可得而食也。当是时也，禹八年于外，三过其门而不入，虽欲耕，得乎？”

“后稷教民稼穑[18]。树艺五谷[19]；五谷熟而民人育。人之有道也[20]，饱食、暖衣、逸居而无教，则近于禽兽。圣人有忧之，使契为司徒[21]，教以人伦——父子有亲，君臣有义，夫妇有别，长幼有序，朋友有信。放勋曰[22]：‘劳之来之[23]，匡之直之，辅之翼之，使自得之，又从而振德之。’圣人之忧民如此，而暇耕乎？”

"尧以不得舜为己忧，舜以不得禹、皋陶为己忧[24]。夫以百亩之不易为己忧者[25]，农夫也。分人以财谓之惠，教人以善谓之忠，为天下得人者谓之仁。是故以天下与人易，为天下得人难。孔子曰：'大哉尧之为君！惟天为大，惟尧则之，荡荡乎民无能名焉？君哉舜也！巍巍乎有天下而不与焉[26]！'尧舜之治天下，岂无所用其心哉？亦不用于耕耳[27]。"

"吾闻用夏变夷者，未闻变于夷者也。陈良，楚产也。悦周公、仲尼之道，北学于中国。北方之学者，未能或之先也。彼所谓豪杰之士也。子之兄弟事之数十年，师死而遂倍之[28]！"

"昔者孔子没，三年之外，门人治任将归[29]，入揖于子贡，相向而哭，皆失声，然后归。子贡反，筑室于场，独居三年，然后归。他日，子夏、子张、子游以有若似圣人，欲以所事孔子事之，强曾子。曾子曰：'不可；江汉以濯之，秋阳以暴之[30]，皜皜乎不可尚已[31]。'今也南蛮鴃舌之人[32]，非先王之道，子倍子之师而学之，亦异于曾子矣。吾闻出于幽谷迁于乔木者，未闻下乔木而入于幽谷者。《鲁颂》曰：'戎狄是膺[33]，荆舒是惩。'周公方且膺之，子是之学，亦为不善变矣。"

"从许子之道，则市贾不贰[34]，国中无伪；虽使五尺之童适市[35]，莫之或欺。布帛长短同，则贾相若；麻缕丝絮轻重同，则贾相若；五谷多寡同，则贾相若；屦大小同，则贾相若。"

曰："夫物之不齐，物之情也；或相倍蓰，或相什伯，或相千万。子比而同之[36]，是乱天下也。巨屦小屦同贾[37]，人岂为之哉？从许子之道，相率而为伪者也，恶能治国家？"

——《滕文公》上

【今译】 有一位信奉神农氏学说的叫许行的人，从楚国到了滕国，登门谒见滕文公，告诉他说："我这来自远方的人听说您实行仁政，希望得到一处住所，做您的百姓。"文公给了他住房。他的门徒好几十人，都穿着粗麻编成的衣服，以打草鞋织席为生。

陈良的门徒陈相和他的弟弟陈辛背着农具，从宋国到滕国，也对文公说："听说您实行圣人的政治，那您也是圣人了。我愿意做圣人的百姓。"

陈相见了许行，非常高兴，便完全抛弃了以前信奉的学说转而拜许行为师。

陈相来看孟子，转述许行的话说："滕君确实是个贤明的君主，尽管这样，但是也还不真懂得道理。贤人要和人民一道耕种，吃自己做的饭，而且也要替百姓办事。如今滕国有谷仓，有存财物的府库，这都是损害别人来奉养自己，又怎能叫做贤明呢？"孟子说："许子一定要自己种庄稼才吃饭吗？"陈良说："对。""许子一定要自己织布才穿衣吗？""不，许子只穿粗麻编成的衣。""许子戴帽了吗？"答道："戴。""戴什么帽子？"答道："戴白绸帽子。"

"是自己织的吗？"答道："不，用粟米换来的。""许子为什么不自己织呢？"答道："因为妨碍做农活。""许子也用铁锅瓦罐做饭，用铁器耕田吗？"答道："用。""自己做的吗？"答道："不，用粟米换来的。""农夫用粟米换取铁锅、碗、瓢盆和农具，不能说损害了瓦匠、铁匠；那瓦匠、铁匠用他们的产品来换取粟米，又难道损害了农夫吗？况且许子为什么不亲自干瓦匠活、铁匠活，啥东西都藏在家里以备用？为什么许子要一件一件地和各种工匠做买卖？为什么许子这样不怕麻烦？"

陈相答道："本来就不可能一边耕种一边又能干各种工匠的工作。""难道治理天下就能够一边耕种一边又能干得了吗？［可见必须有分工。］有官吏的工作，有小民的工作。只要是一个人，各种工匠的产品对他就是必不可少的；如果每件东西都要靠自己制造才去用它，那是率领天下的人疲于奔命。所以我说，有的人劳动脑力，有的人劳动体力；脑力劳动者管理人，体力劳动者被人管理；被管理者向别人提供生活消费物资，管理者所必须的生活消费仰仗于别人，这是通行天下的共同原则。尧的时候，天下还不太平，洪水成灾，泛滥天下，草木茂密地生长，鸟兽成群地繁殖，谷物却没有收成，飞鸟禽兽威逼人类，到处都是它们的足迹。尧一个人为这事忧虑，于是把舜选拔出来总管治理工作。舜命令伯益主持放火的工作，益放大火焚烧山野沼泽地带的草木，迫使鸟兽逃跑隐匿。禹又疏浚九河，把济水漯疏导入海，挖掘汝水汉水，疏通淮水泗水，引导流入长江，中国才可以耕种，人民才有饭吃。在这一时期，禹八年在外，好几次经过自己的家门都没进去，即使想亲自耕种，可能吗？"

后稷教老百姓耕种收获，栽培五谷，五谷成熟了才能够养育百姓。人之所以为人，光是吃得饱，穿得暖，住得安逸，却没有教育，那也和禽兽差不多。圣人又为这事忧虑，便让契做了司徒的官职，主管教育。用关于人与人之间关系的道理来教育人民——父子间有骨肉之亲，君臣间有礼义之道，夫妻间有内外之别，老少间有尊卑之序，朋友间有诚信之德。尧说：'督促他们，纠正他们，帮助他们，使他们各得其所，然后加以提携和教诲。'圣人为百姓考虑这些问题呕心沥血，还有空闲来耕种吗？"

"尧为得不到舜这样的人而忧虑，舜为得不到禹和皋陶这样的人而忧虑。为了自己的田地耕种得不好而忧虑的，那是农夫。把钱财分给别人的行为，叫做惠；教导大家都学好的行为，叫做忠；为天下找到好人才的行为便叫做仁。把天子让给人家比较容易做到，为天下找到好的人才却难。所以孔子说，'尧作为天子真是伟大！只有天最伟大，只有尧能效法天。尧的圣德广阔无边，老百姓都找不到恰当的词来形容了！舜真是个好天子！天下坐得稳如泰山，却不去享受它，占有它！’尧舜治理天下，难道不用心思吗？只是不把这心思用于如何种庄稼罢了。”

“我只听说用中国的方式来改变落后国家的，没有听说过用落后国家的方式改变中国的。陈良土生土长在楚国，却喜欢周公和孔子的学说，北上中国来学习。北方的读书人，还没有超过他的，他真是所谓豪杰之士啊！他们兄弟向他学习了几十年，老师一死，你们竟背叛了他！”

“从前，孔子死了，守孝三年之后，门徒们收拾行李准备回去前，走进子贡住处作揖告别，相对而哭，都泣不成声，这才回去。子贡又回到墓地重新筑屋，独自住了三年，这才回去。过了些时，子夏、子张、子游认为有若有些像圣人，便想像服侍孔子那样服侍他，勉强要曾子同意。曾子说：“不行；比如曾经用江汉之水洗涤过，曾经在夏日之下暴晒过，真是白得不能再白了。[谁还能与孔子相比呢？]如今许行这南蛮子，说话就像鸟叫，也敢来非议我们祖先圣王之道，而你俩却违背师道去向他学，那就和曾子的态度恰好相反了。我只听说过鸟儿飞出幽暗的山谷迁往高大的树木，没有听说离开高大的树木再飞进幽暗的山谷的。《鲁颂》说过，‘猛攻戎狄，痛惩荆楚。’[荆楚这样的国家，]周公还要攻击它，你却向它学，真是越变越坏了。”

陈相说：“如果按许子说的办，市场上的物价就能一致。人人没有欺假，即使打发个小孩子上市场，也没有人会欺骗他。布匹丝绸长短一样，价钱便一样；麻线丝绵的轻重一样，价钱便一样；谷米的多少一样，价钱便一样；鞋的大小一样，价钱也一样。”

孟子说：“各种物品的质量不一样，这是自然的。[它们的价格，]有的相差一倍五倍，有的相差十倍百倍，有的相差千倍万倍；你要[不分精粗优劣，]完全使它们一致，只是扰乱天下罢了。好鞋和坏鞋一样价钱，人们肯吗？按许子说的办，是率领大家走向虚伪，哪能够治理国家呢？”

【注释】

（1）“有为……许行”：神农，上古传说中的人物，三皇之一。春秋战国诸子，多托古代圣主以自重。孟子“言必称尧舜”，重农学派也托之于神农。许行，不见于他书。

（2）踵：通“至”。

（3）褐：以未绩之麻制成的短衣。

（4）捆屦：捆，通“织”；屦，草鞋。

（5）陈良：梁任公，即《韩非子》中之“仲良氏之儒”。

（6）饔飧（yōng sūn）：熟食。此处用作动词：自己做饭。

（7）厉：使……病。

（8）釜甑爨：釜，金属制的锅；甑，瓦罐。爨（cuàn）：烧火做饭。

（9）铁：此指农具。

（10）“舍皆取诸其宫……”：舍，通“何”，这里的意思是“啥”。宫，上古时代无论贵贱，所居之室都叫做宫。

（11）大人：与“君子”相似，有时指有德者，此处则指在位者。

（12）路：同“露”，“败”的意思。

（13）偪：通“逼”。

（14）敷：同“溥”、“遍”。《诗》云：“溥天之下，莫非王土。”

（15）九河：分别为徒骇、大史、马颊、覆釜、胡苏、简、挈、钩盘、鬲津。

（16）济：水名，发源于今河南济源县王屋山，今中下游为黄河所占，唯源头尚存。漯（tà）：水名，因黄河改道，今已不存。

（17）决汝汉排淮泗而注之江：此句古今争论最多。因除汉水外，汝与淮泗都不入江。其实孟子不过申述禹水之功，未必字字实在。

（18）后稷：名弃，周朝的始祖，帝尧时为农师。

（19）五谷：稻（水稻）、黍（黄米之粘者）、稷（小米）、麦（小麦）、菽（豆类）。

（20）有：通“为”。

（21）契：殷之祖先。

（22）放勋：尧之名。

（23）劳之来之：《尔雅》：“劳来，勤也。”

（24）皋陶（gāo yáo）：虞舜时代的司法官。

（25）易：通“治”。

（26）“孔子……天下而不与焉”：见《论语·泰伯》。与，即“参与”之“与”，含“私有”、“享受”之意。

（27）亦：只。

（28）倍：同“背”，即背叛。

（29）任：通“抱”，“包袱，行李”的意思。

（30）秋阳以暴之：周历正月相当于夏历之十一月，故周之所谓秋阳，实为夏日之阳。暴：通“曝”。

（31）皜皜：同“皓皓”，“皦皦”，白貌。

（32）鴃（jué）：即伯劳鸟。

（33）“……狄是膺……”：见《鲁颂·閟宫》。膺：通“击”。

（34）贾：同“价”，价。

（35）五尺之童：古人尺短，五尺只合为今之三尺半。

（36）比（bì）：合，混合。

（37）巨屦小屦：巨屦，粗屦；小屦，细屦。

**6.【章旨】 孟子告诉梁惠王治国得民之要，在于推行仁政，使民养生送死无憾，进而谨修教化。**

【原文】 梁惠王曰："寡人之于国也(1)，尽心焉耳矣(2)。河内凶，则移其民于河东(3)，移其粟于河内。河东凶亦然。察邻国之政，无如寡人之用心者。邻国之民不加少(4)，寡人之民不加多，何也？" 孟子对曰："王好战，请以战喻(5)。填然鼓之(6)，兵刃既接(7)，弃甲曳兵而走(8)，或百步而后止，或五十步而后止。以五十步笑百步，则何如？" 曰："不可；直不百步耳(9)，是亦走也。"

曰："王如知此，则无望民之多于邻国也(10)。不违农时，谷不可胜食也(11)；数罟不入洿池(12)，鱼鳖不可胜食也；斧斤以时入山林，材木不可胜用也。谷与鱼鳖不可胜食，材木不可胜用，是使民养生丧死无憾也。养生丧死无憾，王道之始也。"

五亩之宅，树之以桑，五十者可以衣帛矣(13)。鸡豚狗彘之畜，无失其时，七十者可以食肉矣；百亩之田，勿夺其时，数口之家可以无饥矣。谨庠序之教(14)，申之以孝悌之义(15)，颁白者不负戴于道路矣(16)。七十者衣帛食肉，黎民不饥不寒，然而不王者(17)，未之有也。""狗彘食人食而不知检，途有饿殍而不知发(18)；人死则曰：'非我也，岁也。'是何异于刺人而杀之，曰：'非我也，兵也。'王无罪岁，斯天下之民至焉(19)。" ——《梁惠王》上

【今译】 梁惠王［对孟子］说："我对于国家，可算是操心到家了。国内一些地方遭了灾，我便把那里的一些百姓迁到河东，还把河东的一些粮食运到河内。河东遭了灾也这样对待。考察邻国的政治，没有一个国家能像我这样替百姓打算的。尽管这样，邻国的百姓并不减少，我的百姓并不增多，这是为什么呢？" 孟子答道："王喜欢战争，就请让我用战争来打个比喻吧。战鼓咚咚一响，枪尖刀锋一接触，就扔掉盔甲拖着兵器逃跑。有的一口气跑了一百步停住脚，有的一口气跑了五十步停住脚。那些跑了五十步的战士竟耻笑跑了一百步的战士，［说他太胆小了，］这怎么样？" 王说："这不行，他只不过没跑到一百步罢了，但他也逃跑了呀。"

孟子说："如果懂得这个道理，就不要指望老百姓比邻国多了。如果在农忙时，不去［征兵征工，］妨碍耕作，那粮食便会吃不完了。如果密网不拿到大池去捕鱼，那鱼鳖也就吃不完了。如果砍伐树木有一定的时间，木材也就

用不尽了。粮食和鱼鳖吃不完，木材用不尽，这样就使老百姓对生老病死没有什么不满了。老百姓对生老病死没有什么不满，这就是王道的开端呀。"

"在五亩大小的庭院里树植桑树，五十岁以上的人就能够穿上丝绵袄了。鸡和猪、狗的饲养，都能按时按量，七十岁以上的人都可以吃上肉了。一家人百亩的耕地，不要让他们失去耕种收割的时机，一家几口人就可以吃得饱饱的了。好好地办些学校，反复地用孝顺父母敬爱兄长的大道理教育他们，那么，须发斑白的老人也就用不着背负、头顶着重物奔波于道路上了。七十岁以上的人有丝绵袄穿，有肉吃，平民百姓不受冻饿，这样还不能使天下归服的，是绝不会有的事。""[可是现在富贵人家的] 猪、狗吃掉了老百姓的粮食，却不晓得去检查和制止；道路上有饿死的人，也没想到要打开仓库来赈济。老百姓死了，就说'不怪我呀，怪兵器吧'有什么不同呢？王假如不去怪罪年成，[而切切实实地去改革政治,] 这样，天下百姓都会来投奔了。"

【注释】

（1）寡人：古代诸侯对下级的自称，同《尚书》中的"余一人"，至高无上之意，帝王的自称。

（2）焉耳矣：同"矣"。"焉耳"：只起加强语气的作用。

（3）河内、河东：魏国的河东地区，在今山西省安邑一带；河内地区，即黄河北岸之地，在今河南省济源县一带。

（4）加少：减少。

（5）请：表示敬意的副词，无具体意义。

（6）填然鼓之：填，象声词，音。然：语尾助词，相当于今天的"地"。填然，即"填填地（响）"。鼓：不及物动词，击鼓。之：语助词，无意义。

（7）兵：兵器。

（8）走：在古代，慢慢走叫步，快步走叫趋，跑步叫走。这里是逃跑的意思。

（9）直：只是，不过。

（10）无：通"毋"，不要。

（11）胜（shèng）：尽。

（12）数罟不入洿池：数（shuò），通"密"。罟（gǔ），即渔网。洿（wū），通"大"。

（13）衣（yì）：穿。

（14）庠（xiáng）序：古代的地方学校。

（15）申：一而再，再而三叫做申。

（16）颁白者不负戴于道路：颁白，须发半白，也写作"斑白"；负，背负；戴，顶在头上。

(17) 王(wàng): 以仁德的政治统一天下的意思。

(18) 莩: 音 piǎo, 饿死的人。

(19) 斯: 连词, "这就"的意思。

**7.【章旨】 孟子劝谏齐宣王放弃霸业之欲望, 以不忍之心推恩保民而王天下。**

【原文】 齐宣王问曰[1]:"齐桓、晋文之事可得闻乎[2]?"孟子对曰:"仲尼之徒无道桓文之事者, 是以后世无传焉, 臣未之闻也。无以[3], 则王乎?"曰:"德何如则可以王矣?"曰:"保民而王[4], 莫之能御也。"曰:"若寡人者, 可以保民乎哉?"曰:"可。"曰:"何由知吾可也?"曰:"臣闻之胡龁曰[5], 王坐于堂上, 有牵牛而过堂下者, 王见之, 曰:'牛何之[6]?'对曰:'将以衅钟[7]。'王曰:'舍之! 吾不忍其觳觫若无罪而就死地[8]。'对曰:'然则废衅钟与?'曰:'何可废也, 以羊易之!'不识有诸[9]?"曰:"有之。"

曰:"是心足以王矣。百姓皆以王为爱也[10], 臣固知王之不忍也。"王曰:"然; 诚有百姓者。齐国虽褊小[11], 吾何爱一牛? 即不忍其觳觫若无罪而就死地, 故以羊易之也。"曰:"王无异于百姓之以王为爱也[12]。以小易大, 彼恶知之? 王若隐其无罪而就死地[13], 则牛羊何择焉?"王笑曰:"是诚何心哉? 我非爱其财而易之以羊也。宜乎百姓之谓我爱也。"曰:"无伤也, 是乃仁术也, 见牛未见羊也。君子之于禽兽也, 见其生, 不忍见其死; 闻其声, 不忍食其肉。是以君子远庖厨也[14]。"王说曰[15]:"《诗》云[16]:'他人有心, 予忖度之[17]。'夫子之谓也。夫我乃行之, 反而求之, 不得吾心。夫子言之, 于我心有戚戚焉[18]。此心之所以合于王者, 何也?"曰:"有复于王者曰, '吾力足以举百钧[19], 而不足以举一羽; 明足以察秋毫之末[20], 而不见舆薪[21], 则王许之乎[22]?"曰:"否。"

"今恩足以及禽兽, 而功不至于百姓者, 独何与? 然则一羽之不举, 为不用力焉; 舆薪之不见, 为不用明焉; 百姓之不见保, 为不用恩焉。故王之不王, 不为也, 非不能也。"曰:"不为者与不能者之形何以异?"曰:"挟泰山以超北海[23], 语人曰:'我不能。'是诚不能也。为长者折枝[24], 语人曰:'我不能。'是不为也, 非不能也。故王之不王, 非挟泰山以超北海之类也; 王之不王, 是折枝之类也。"

"老吾老, 以及人之老; 幼吾幼, 以及人之幼。天下可运于掌。《诗》云:'刑于寡妻[25], 至于兄弟, 以御于家邦[26]。'言举斯心加诸彼而已。故推恩足以保四海, 不推恩无以保妻子。古之人所以大过人者, 无他焉, 善推其所为而已矣。今恩足以及禽兽, 而功不至于百姓者, 独何与?""权, 然后知轻重；度，然后知长短。物皆然，心为甚。王请度之！”“抑王兴甲兵，危士臣，构怨于诸侯，然后快于心与？”

王曰：“否；吾何快于是？将以求吾所大欲也。”曰：“王之所大欲可得闻与？”王笑而不言。曰：“为肥甘不足于口与？轻暖不足于体与？抑为采色不足视于目与[(27)]？声音不足听于耳与？便嬖不足使令于前与[(28)]？王之诸臣皆足以供之，而王岂为是哉？”曰：“否。吾不为是也。”曰：“然则王之所大欲可知已。欲辟土地[(29)]，朝秦楚[(30)]，莅中国而抚四夷也[(31)]。以若所为求若所欲[(32)]，犹缘木而求鱼也。”王曰：“若是其甚与？”曰：“殆有甚焉[(33)]。缘木求鱼，虽不得鱼，无后灾。以若所为求若所欲，尽心力而为之，后必有灾。”

曰：“可得闻与？”曰：“邹人与楚人战[(34)]，则王以为孰胜？”曰：“楚人胜。”曰：“然则小固不可以敌大，寡固不可以敌众，弱固不可以敌强。海内之地，方千里者九，齐集有其一。以一服八，何以异于邹敌楚哉？盖亦反其本矣[(35)]。今王发政施仁，使天下仕者皆欲立于王之朝，耕者皆欲耕于王之野，商贾皆欲藏于王之市，行旅皆欲出于王之途，天下之欲疾其君者皆欲赴愬于王[(36)]。其若是，孰能御之？”王曰：“吾惛[(37)]，不能进于是矣。愿夫子辅吾志，明以教我。我虽不敏，请尝试之。”

曰：“无恒产而有恒心者，惟士为能。若民[(38)]，则无恒产[(39)]，因无恒心。苟无恒心，放辟邪侈，无不为已。及陷于罪，然后从而刑之，是罔民也[(40)]。焉有仁人在位，罔民而可为也？是故明君制民之产，必使仰足以事父母，俯足以畜妻子，乐岁终身饱，凶年免于死亡；然后驱而之善，故民之从之也轻[(41)]。今也制民之产[(42)]，仰不足以事父母，俯不足以畜妻子；乐岁终身苦，凶年不免于死亡。此惟救死而恐不赡[(43)]，奚暇治礼义哉[(44)]？”

“王欲行之，则盍反其本矣[(45)]：五亩之宅，树之以桑，五十者可以衣帛矣；鸡豚狗彘之畜，无失其时，七十者可以食肉矣。百亩之田，勿夺其时，八口之家可以无饥矣。谨庠序之教，申之以孝悌之义[(46)]，颁白者不负戴于道路矣。老者衣帛食肉，黎民不饥不寒，然而不王者，未之有也。”

——《梁惠王》上

【今译】 齐宣王问孟子道：“齐桓公、晋文公的事迹，您可以讲给我听吗？”孟子答道：“孔子的门徒们没有谈到齐桓公、晋文公的事迹的，所以这些事后代也没有流传，我也没有听说过。您如果一定要我说，就说说‘王道’吧！”宣王问道：“要有怎样的仁德才能够行王道呢？”孟子说：“通过安定百姓的生活去实现王道，便没有人能够阻挡。”宣王说：“像我这样的人，可以使百姓的生活安定吗？”孟子说：“可以。”孟子说：“凭什么知道我能够呢？”孟子说：“我听胡龁说，王坐在殿堂上，有人牵着牛从殿下走过，王看见了，便问:‘这牛牵到哪里去?’那人答道:‘准备杀它来祭钟。’王便道:‘放了它吧!我实在不忍心看到它那哆哆嗦嗦的样子,没有一点罪过,却被送往屠宰场!’王又道:‘怎么可以不祭呢?用只羊代替吧!’有这么回事吗?”宣王说:“有的。”

孟子说:“凭这种好心就可以实行王道了。老百姓以为王是舍不得,我早就知道王是不忍心呀。”宣王说:“对呀,确实有这样的百姓。齐国虽小,我又何至于舍不得一头牛?我只是不忍心看到它那哆哆嗦嗦的样子,没有一点罪过,却被送进屠宰场,才用羊来替换的,他们怎么知道我的心意呢?如果说可怜它没有一点罪过便被送进屠宰场,那么宰牛和宰羊有什么不同呢?”宣王笑着说:“这到底是一种什么心理呢?我确实不是吝惜钱财才去用羊来代替牛。[您这么一说,]百姓说我舍不得真是理所当然的了。”孟子说:“这也没什么关系。这种怜悯心是仁爱呀。因为王只看见了牛的可怜相,却没有看见那只羊。君子对于飞禽走兽,看见它们活着,便不忍心再看到它们死去;听到它们悲鸣哀号,便不再忍心再吃它们的肉。君子总是离厨房远远的,就是这个道理。”宣王高兴地说:“有两句诗说:‘别人想的啥,我能猜到它。’您就是这样的。我只是这样做了,再扪心自问[这样做的道理],却想不出一个所以然来。经您老这么一说,我的心便豁然明亮了。但我的这种心思合于王道,又是为什么呢?”孟子说:“假如有个人向王报告:‘我的臂力能够举起三千斤,却拿不起一根羽毛;我的眼力能把鸟儿秋天生的细毛看得一清二楚,却看不见眼前的一车柴火。’您肯相信这话?”宣王说:“不。”

孟子马上接着说:“如今王的好心好意足以使动物沾光,却不能使老百姓得好处,这是为什么呢?这样看来,一根羽毛都拿不起,只是不肯下力气的缘故,老百姓过不上安定的生活,只是不肯施恩的缘故。所以,王没有能够实行王道,只是不肯干,不是不能干。”宣王说:“不肯干和不能干在表现上有什么不同呢?”孟子说:“把泰山夹在胳膊底下跳过北海,告诉别人说:‘这个我办不到。’这是不肯干,不是不能干。王的不行仁政,不是属于把泰山夹在胳膊底下跳过北海一类,而是属于替老年人按摩肢体一类的。”

尊敬我家里的长辈,并推广到尊敬别人家里的长辈;爱护我家里的儿女,并推广到爱护别人家里的儿女。[如果一切政治措施都由这一原则出发,]治理天下就如同在手心转动小球那般容易了。《诗经》上说:‘先给妻子做榜样,再推广到兄弟,进而推广到封邑和国家。’这就是说把这样的好心意扩大到其他方面就行了。所以由近及远地把恩惠推广开去,便足以安定天下;不这样,甚至连自己的妻子都保护不了。古代的圣贤之所以远远地超越一般人,没有别的,只是他们善于推行他们的好行为罢了。如今您的好心好意足以使动物沾光，而百姓却得不着好处，这是为什么呢？”“称一称，才晓得轻重；量一量，才知道长短。什么东西都如此，人的心更需要这样。王，您考虑一下吧！”“难道说，动员全国军队，让将士冒着危险去和别国结仇怨，这样做您的心里才痛快吗？”

宣王说：“不，我为什么非要这样做才快活呢？所以这样做，是追求满足我最大的欲望呀。”孟子说：“王的最大欲望是什么呢？我可以听听吗？”宣王笑而不答。孟子便说：“为了肥美的食品不够吗？为了轻暖的衣裳不够穿吗？或者是为了鲜艳的色彩不够看吗？为了美妙的音乐不够听吗？为了献媚的宠臣不够您使唤吗？这些，您的臣下都能尽量供给，您难道是为了这些吗？”宣王说：“不，我不是为了这些。”孟子说：“那么，您的最大欲望可以知道了。您是想要扩张国土，让秦楚等国都来朝纳贡，自己作为天下的盟主，同时安抚四周的落后民族。不过，以您这样的行为想满足您这样的欲望，就好像爬到树上捉鱼一样。”宣王说：“像这样严重吗？”孟子说：“恐怕比这更严重呢。爬上树去捉鱼，虽然捉不到，却没有灾祸。以您这样去满足您这样的欲望。费尽心思去干，［不但达不到目的］还有灾祸在后头。”

宣王说：“［这是什么道理呢？］我可以听听吗？”孟子说：“如果邹国和楚国打仗，您以为谁会打胜呢？”宣王说：“楚国会胜。”孟子说：“这样看来，小国本来就不可与大国为敌，人口少的国家也不可与人口多的国家为敌，弱国不可与强国为敌。现在中国的土地有九个纵横各一千里那么大，齐国全部土地不过是它的九分之一。凭九分之一想叫九分之八归服，这跟邹国与楚国为敌有什么不同呢？［既然这条路根本行不通，那么，］为什么不从根基着手呢？现在王如果能改革政治，施行仁德，便会使天下的士大夫都想到齐国来做官，庄稼汉都想到齐国来种地，行商坐贾都想到齐国来做生意，来往的旅客也都想取道齐国，各国痛恨本国君主的人也都想到您这里来控诉。果然做到这样，又有谁抵挡得住呢？宣王说：“我头脑昏乱，对您的理想不能再进一层地体会，希望您老人家辅导我达到目的，明明白白地教导我。我虽不聪明，也不妨试一试。”

孟子说：“没有固定产业而有坚定的信念，只有士人才能够做到。至于一般人，如果没有固定的产业，便也没有坚定信念。没有坚定的信念，就会胡作非为，违法乱纪，什么事都干得出来。等到他犯了法，然后再处以刑罚，这等于陷害。哪有仁爱的人坐了朝廷却做出陷害老百姓的事呢？所以英明的君主规定人们的产业，一定要使他们上足以赡养父母，下足以扶养妻儿；好年成，丰衣足食；坏年成，也不致饿死。然后再把他们引上善良的道路，老百姓也就很容易地听从了。现在呢，规定人民的产业，上不足以赡养父母，下不足以扶养妻儿；好年成，也是艰难困苦；坏年成，只有死路一条。这样，每个人拯救自己还怕来不及，哪有闲工夫学习礼义呢？”

“王如果要施行仁政，为什么不从根基着手呢?每家给他五亩土地建立宅院，四周围遍植桑树，五十岁以上的人就可以穿上棉袄了。鸡、狗和猪这类畜牲，都有时间去饲养，七十岁以上的人就可以有肉吃了。一家人给他一百亩田地，不去耽误他的农时，八口之家就可以不饿肚子了。办好各级学校，反复地用孝顺父母、敬爱兄长的大道理来开导他们，须发斑白的人就不至于要自己头顶背负着物件在路上行走了。老年人都达到穿棉袄、吃肉食的小康水平，一般人都达到温饱水平，这样还不能使天下归服的，那是从来没有的事。”

【注释】

（1）齐宣王：威王之子，名辟疆。

（2）齐桓、晋文：齐桓公名小白，晋文公名重耳，在春秋时代先后称霸，为“五霸”之首。

（3）无以：不得已。以，同“已”。

（4）保：通“安”。

（5）龁：音 hé。

（6）之：动词，“往”的意思。

（7）衅：祭礼名。当国家的一件新的重要器物以至宗庙开始使用的时候，便要宰杀一件活物来祭它，这便叫做“衅”。

（8）觳觫若：战战兢兢的样子。觳觫（hú sù），因惊恐而发抖。若，意为“……的样子”。

（9）诸：“之乎”合音。

（10）爱：吝啬，舍不得。

（11）褊（biǎn）：“小”的意思。

（12）异：惊异，奇怪。

（13）隐：怜悯，哀痛。

（14）远：形容词使动用法，意思是“使……远离”。

（15）说：同“悦”。

（16）“《诗》云……”：见《诗经·小雅·巧言》。

（17）忖度（cǔn duó）：揣想。

（18）戚戚：心动。

（19）钧：三十斤。

（20）秋毫之末：有人说是指鸟尾之细毛，有人说是指禾穗上的白毛，总之是指极小的东西。

（21）舆薪：一车柴薪。

（22）许：听信。

（23）挟太山以超北海：太山即泰山，北海即渤海。《墨子·兼爱篇》云：若挈泰山越河济也。"可见此是当时常用的比喻。

（24）折枝：古时有三种解释：折取树枝，弯腰行礼，按摩肢（通枝）体。

（25）"《诗》云：刑于寡妻……"：见《大雅·思齐篇》。刑同"型"，意思是示范。寡妻，嫡妻，寡字意同"寡人"之"寡"，"大"的意思。

（26）家：指卿大夫之有采邑者。

（27）抑为采色不足视于目：采色，即"彩色"。抑：选择连词，相当于"还是"。

（28）便嬖（pián bì）：宠幸于王且朝夕相伴者。

（29）辟：开辟。

（30）朝：使动用法，"使其朝觐"的意思。

（31）莅（lì）：临。

（32）若：如此，后来写作"偌"。

（33）殆有：殆，可能，大概，几乎。有，同"又"。

（34）邹：国名，就是邾国，国土极小。今山东邹县东南有邾城，当是古邾国之地。

（35）盖：同"盍"，"何不"的合音。

（36）愬：同"诉"

（37）惛：同"昏"。

（38）若：转折连词，至于。

（39）则：假设连词，如果，假若。

（40）罔：同"网"，网罗，陷害。

（41）轻：轻易，容易。

（42）制：制定法度。

（43）赡（shàn）：足够。

（44）奚：何。

（45）盍："何不"的合音。

（46）申：重申，一再地说。

**8.【章旨】 孟子因齐王之好乐，乘势利导，劝其推行仁政，与民同乐。**

【原文】 庄暴见孟子，曰："暴见于王[(1)]，王语暴以好乐[(2)]，暴未有以对也。"曰[(3)]："好乐何如？"孟子曰："王之好乐甚，则齐国其庶几乎[(4)]！"

他日，见于王曰："王尝语庄子以好乐，有诸？"王变乎色，曰："寡人非能好先王之乐也，直好世俗之乐耳。"曰："王之好乐甚，则齐其庶几乎！今之乐犹古之乐也。"曰："可得闻与？"曰："独乐乐，与人乐乐，孰乐？"曰："不若与人。"曰："与少乐乐，与众乐乐，孰乐？"曰："不若与众。"

"臣请为王言乐[5]。今王鼓乐于此，百姓闻王钟鼓之声，管籥之音[6]，举疾首蹙頞而相告曰[7]：'吾王之好鼓乐，夫何使我至于此极也？父子不相见，兄弟妻子离散。'今王田猎于此[8]，百姓闻王车马之音，见羽旄之美[9]，举疾首蹙頞而相告曰：'吾王之好田猎，夫何使我至于此极也？父子不相见，兄弟妻子离散。'此无他，不与民同乐也。

"今王鼓乐于此，百姓闻王钟鼓之声，管籥之音，举欣欣然有喜色而相告曰：'吾王庶几无疾病与？何以能鼓乐也？'今王田猎于此，百姓闻王车马之音，见羽旄之美，举欣欣然有喜色而相告曰：'吾王庶几无疾病与？何以能田猎也？'此无他，与民同乐也。今王与百姓同乐，则王矣。"——《梁惠王》下

【今译】 ［齐国的大臣］庄暴来见孟子，说道："我去朝见王，王告诉我，他爱好音乐，我不知道该怎样回答。"接着又说："爱好音乐，究竟好不好？"孟子说："王如果非常爱好音乐，那齐国便是很不错了。"过了些时日，孟子谒见齐王，问道："您曾经告诉庄暴，说您爱好音乐，有这回事吗？"齐王脸红了，不好意思地说："我并不是爱好古代的严肃音乐，只是爱好流行乐曲罢了。"孟子说："只要您非常爱好音乐，那齐国便会很不错了。无论是现代流行音乐，或者古代严肃音乐都是一样的。"齐王说："这道理我可以听听吗？"孟子说："一个人欣赏音乐快乐，与别人一起欣赏音乐也快乐，哪一种更快乐呢？"齐王说："跟别人一起欣赏快乐。"孟子说："跟少数人欣赏音乐固然快乐，跟多数人欣赏音乐也快乐，究竟哪一种更快乐呢？"齐王说："跟多数人一起欣赏更快乐。"

孟子马上说到："请让我为王说说'乐'的道理吧。假使王在这里奏乐，老百姓听到鸣钟击鼓的声音，又听到吹奏箫管的声音，大家都觉得讨厌，皱着眉头互相议论道：'我们国王这样爱好音乐，为什么使我困苦到这步田地呢？父子不能见面，兄弟妻儿东逃西散？'假使王在这里打猎，老百姓听到马车的声音，看到仪仗的华丽，大家都觉得讨厌，皱着眉头议论到：'我们国王这样爱好打猎，为什么使我困苦到这步田地呢？父子不能见面，兄弟妻儿东逃西散？'［为什么老百姓会这样呢？］这没有别的原因，就是因为王只图自己快乐而不与大家一同娱乐的缘故。

"假使王在这里奏乐，老百姓听到鸣钟击鼓的声音，又听到吹奏箫管的声音，全都眉开眼笑地互相告诉：'我们国王大概很健康吧，要不然怎么能够奏

乐呢？’假设王在这里打猎，老百姓听到车马的声音，看到仪仗的华丽，全都眉开眼笑地互相告诉：‘我们国王大概很健康吧，要不这样，怎么能够打猎呢？’［为什么老百姓会这样呢？］这没有别的原因，只是因为王同百姓一同娱乐罢了。如果王同百姓一同娱乐，就可以使天下归服了。”

【注释】

（1）暴见于王：与“庄暴见孟子”不同。见于王，意为“被王接见”；见孟子，意为“来看孟子”。

（2）乐（yuè）：音乐。

（3）曰：一个人的话中间又加以“曰”字，表示说话人有所停顿。参见俞樾的《古书疑义举例·一人之辞而加曰字例》。

（4）庶几：“差不多”的意思，但只用于积极方面。

（5）乐：此处语义双关，既指“音乐”，又指“娱乐”。

（6）管籥：古代吹奏乐器，类今之萧笙；籥同“龠”（yuè）。

（7）举疾首蹙頞：举，副词，意思是“皆，俱，全都”。蹙（cù），皱着；頞（è），鼻梁。

（8）田猎：打猎。

（9）羽旄：旗帜。

**九至十一章：表明如能施行仁政，则可以为人民所亲附，而无敌于天下；否则，将众叛亲离，不复为君矣。**

**9.【章旨】 孟子劝邹君行仁政，领导有司恤民，则人民自会卫国赴义效忠。**

【原文】 邹与鲁哄[(1)]。穆公问曰[(2)]：“吾有司死者三十三人[(3)]，而民莫之死也[(4)]。诛之，则不可胜诛；不诛，则疾视其长上之死而不救[(5)]。如之何则可也？”孟子对曰：“凶年饥岁，君之民老弱转乎沟壑[(6)]，壮者散而之四方者，几千人矣[(7)]；而君之仓廪实，府库充，有司莫以告，是上慢而残下也。曾子曰[(8)]：‘戒之戒之！出乎尔者，反乎尔者也。’夫民今而后得反之也。君无尤焉[(9)]！君行仁政，斯民亲其上，死其长矣。” ——《梁惠王》下

【今译】 邹国和鲁国发生了边界纠纷。邹穆公问孟子道：“这一次冲突，我的官员牺牲了三十三个，老百姓却没有一个为他们的死难过。杀了他们吧，又杀不了那么多；不杀吧，又十分气愤他们瞪着两眼看着长官被杀却不去救。该怎么办好呢？”孟子答道：“灾荒岁月，您的百姓，年老的弃尸山沟荒野之中，年轻力壮的便四处逃荒，这样死将近几千人了。而您的谷仓里堆满了粮

食，库房里装满了财宝。这种情形，您的官员们谁也不来报告，这就是在上位的人不关心老百姓，并且残害他们。曾子说：'提高警惕，提高警惕！你怎么去对待人家，人家将怎样回报你。'现在，您的百姓可得着报复的机会了。您不要责备他们吧！您如果实行仁政，您的百姓自然就会爱护他们的上级，情愿为他们的长官牺牲了。"

【注释】

（1）哄（hòng）：争斗。

（2）穆公：即邹穆公。孟子是邹人，所以穆公问他。

（3）有司：有关官吏。

（4）莫之死："莫死之"的倒装。"之"指"有司"，此句意为"没有人为他们牺牲"。

（5）疾视其长上之死而不救："疾"是主要动词，其他诸字为"疾"的宾语。

（6）转：弃尸。

（7）几：几乎。

（8）曾子：孔子的弟子曾参。

（9）尤：责备，怪罪。

**10.【章旨】 孟子告诉梁惠王施仁政于民，即可无敌于天下。**

【原文】 梁惠王曰："晋国[(1)]，天下莫强焉[(2)]，叟之所知也。及寡人之身，东败于齐，长子死焉[(3)]；西丧地于秦七百里[(4)]；南辱于楚[(5)]。寡人耻之，愿比死者一洒之[(6)]，如之何则可？" 孟子对曰："地方百里而可以王[(7)]。王如施仁政于民，省刑罚，薄税敛，深耕易耨[(8)]；壮者以暇日修其孝悌忠信，入以事其父兄，出以事其长上，可使制梃以挞秦楚之坚甲利兵矣[(9)]。""彼夺其民时，使不得耕耨以养其父母。父母冻饿，兄弟妻子离散。彼陷溺其民，王往而征之，夫谁与王敌？故曰，'仁者无敌。'王请勿疑！"——《梁惠王》上

【今译】 梁惠王［对孟子］说："魏国的强大，天下没有比得上的，这您是知道的。但到了我这时候，东边先败在齐国手里，连大儿子都死了；西边又被迫割了七百里土地给秦国；南边又被楚国所羞辱［被夺去了八个城池］。我觉得这实在是奇耻大辱，希望为死难者报仇雪恨，您说要怎么办才行呢？"孟子答道："只要纵横各一百里的小国就可以行仁政使天下归服，［何况像魏国这样的大国呢？］您如果向百姓施行仁政，减免刑罚，减轻赋税，使百姓能够深耕细作，早除秽草；让年轻人在闲暇时间能够修习孝顺父母、敬爱兄弟、为人忠心，诚实守信的德行，并用来在家里侍奉父兄，在朝廷服侍上级，

这样，就是造些木棒也足以抗击披坚执锐的秦楚大军了。”“那秦国楚国［却相反］，侵占了老百姓的生产时间，使他们不能耕种来养活父母，于是父母受冻挨饿，兄弟妻儿东逃西散。那秦王楚王使他们的百姓陷在痛苦的深渊里，您去讨伐他们，那还有谁来与您为敌呢？老话讲得好，‘仁德的人无敌于天下。’您不要疑虑了吧！”

【注释】

（1）晋国：此处指魏国。

（2）天下莫强焉：莫，无指代词，“没有回家”之意。焉：于是，于斯。此句意思是“天下没有哪个国家比它（魏）更强。”

（3）东败于齐，长子死焉：指马陵（今山东濮县北）之役。魏伐韩，韩求救于齐，齐师袭魏，魏师败绩于马陵，主将庞涓自杀，魏太子申被俘。

（4）西丧地于秦七百里：马陵之役后，魏又屡败于秦，割河西之地及上郡之十五城。

（5）南辱于楚：梁惠王后元十一年，楚遣柱国（武官名）昭阳统兵攻魏，破之于襄陵（河南睢县西），得八邑。

（6）愿比死者壹洒之：比（bì），通“替”、“代”、“给”；壹，通“皆”、“都”、“全”。洒：音义均同“洗”，雪耻。

（7）地方百里：实际是“地，方百里”。“方百里”，意谓长宽各为百里之地，即一万平方里。

（8）易耨：耨（nòu），锄草；易，通“疾”、“速”。

（9）制：制造，制作。

**11.【章旨】 孟子指出：桀、纣暴虐残贼，汤、武乃征诛独夫，非弑君也。**

【原文】 齐宣王问曰：“汤放桀(1)，武王伐纣(2)，有诸？”孟子对曰：“于传有之(3)。”曰：“臣弑其君(4)，可乎？”曰：“贼仁者谓之‘贼’，贼义者谓之‘残’。残贼之人谓之‘一夫’(5)。闻诛一夫纣矣，未闻弑君也。”

——《梁惠王》下

【今译】 齐宣王问道：“商汤流放夏桀，周武王讨伐商纣王，有这回事吗？”孟子答道：“史书上有这样的记载。”宣王说：“作臣子的弑他的君主，这是可以的吗？”孟子说：“破坏仁爱的人叫做‘贼’，破坏道义的人叫做‘残’。残贼俱全的人，我们叫做‘一夫’。我只听说过武王诛杀了一夫殷纣，没有听说过他是以臣弑君的。”

【注释】

（1）汤放桀：汤，商代开国之君。夏桀暴虐，汤兴兵讨伐他，把桀流放到南巢（在今安徽巢县）。

（2）武王伐纣：商纣王无道，周武王伐之，纣王兵败，自焚而死。

（3）传（zhuàn）：传记。

（4）弑，诛：臣下无理地杀死君主。儿女杀死父母叫做“弑”，合乎正义地讨杀罪犯便叫做“诛”。

（5）一夫：“独夫”的意思。“一夫”、“独夫”都指失掉了拥戴者，十分孤立的意思。

## 成语集锦

1. **民贵君轻**：人民是最贵重的，国君是最轻贱的。
2. **为渊驱鱼**：喻暴君虐民，民皆思仁君而归之。
3. **三年之艾**：比喻及时储备。
4. **深耕易耨**：耕土须深，除草要勤，以努力生产。
5. **恶湿居下**：厌恶潮湿，偏住在低矮潮湿的地方。
6. **未雨绸缪**：比喻事前准备和预防。
7. **般乐怠敖**：任情作乐，怠惰遨游。
8. **祸福自求**：祸福都是自己求来的。
9. **用夏变夷**：用中国的礼仪教化去同化夷狄之人，而改变他们的野蛮习俗。
10. **南蛮鴃舌**：南楚蛮夷之人，声恶而难听。
11. **出谷迁乔**：离开深谷而迁移到高树上，用以比喻力求上进。
12. **下乔入幽**：从高大乔木飞入山谷，比喻自甘堕落。
13. **弃甲曳兵**：形容兵败而仓皇逃走。
14. **载胥及溺**：那么只有一起陷溺于乱亡而已。
15. **涂有饿殍**：道路上有饿死的尸体。
16. **保民而王**：爱护人民就能称王天下。
17. **心有戚戚**：心有同感。
18. **明察秋毫**：能察见极细微的事物。
19. **挟山超海**：比喻事情的不可能。
20. **反掌折枝**：形容事物像翻转手掌，折取草木之枝那样容易。
21. **缘木求鱼**：爬到树上去求鱼，比喻做不到的事。
22. **仰事俯畜**：上以事奉父母，下以养育妻子儿女。

**23. 与民同乐：** 与人民共同享乐。

**24. 出尔反尔：** 形容人反复无信用、前后矛盾为出尔反尔。

**25. 五十步笑百步：** 跑五十步的人讥笑跑一百步的人胆小。比喻自己跟别人有同样性质的问题，却自以为优越而嘲笑或反对别人。

## 要句精析

**1. 得乎丘民而为天子，得乎天子为诸侯，得乎诸侯为大夫。**

句旨：此为孟子的民本思想。

**2. 民之归仁也，犹水之就下、兽之走圹也。**

句旨：人民归向仁政，像水往下流，野兽往郊野走一般的自然。

**3. 今天下之君有好仁者，则诸侯皆为之驱矣。**

句旨：诸侯驱走自己的人民使之归附仁君。

**4. 今之欲王者，犹七年之病求三年之艾也。苟为不畜，终身不得。**

句旨：平时不积累，最后什么也得不到。

**5. 今恶辱而居不仁，是犹恶湿而居下也。**

句旨：居于不仁之地，必自取其辱。

**6. 迨天之未阴雨，彻彼桑土，绸缪牖户。**

句旨：防患于未然。

**7. 今有受人之牛羊而为之牧之者，则必为之求牧与刍矣。**

句旨：国君当尽牧民之责，使民免于饥寒。

**8. 且一人之身，而百工之所为备；如必自为而后用之，是率天下而路也。**

句旨："率天下而路"，意谓率领天下人奔走道路，无时休息。

**9. 江汉以濯之，秋阳以暴之。**

句旨：比喻孔子圣德之名的感召力。

**10. 以五十步笑百步。**

句旨：比喻相差无几。

**11. 谨庠序之教，申之以孝悌之义，颁白者不负戴于道路矣。**

句旨：老年人因得以敬养，而不再劳苦。

**12. 君子之于禽兽也，见其生，不忍见其死；闻其声，不忍食其肉。**

句旨：君子以仁存心。

**13. 刑于寡妻，至于兄弟，以御于家邦。**

句旨：先齐家而后治国。

**14. 权，然后知轻重；度，然后知长短。物皆然，心为甚。**

句旨：心可度量事物的轻重。

**15. 今也制民之产，仰不足以事父母，俯不足以畜妻子；乐岁终身苦，凶年不免于死亡。此惟救死而恐不赡，奚暇治礼义哉？**

句旨：孟子主张先富后教。

**16. 曾子曰：戒之戒之！出乎尔者，反乎尔者也。**

句旨：汝以此待人，人亦将以此报汝。

# 七、尚论古人

（选五章）

## 一章：论述修养己身，除与当世之士结交外，尤须以古人为友。

**1.【章旨】　孟子告诉万章交友取善之道，不但应取法今人，更须尚友古人。**

【原文】　孟子谓万章曰："一乡之善士斯友一乡之善士，一国之善士斯友一国之善士，天下之善士斯友天下之善士。以友天下之善士为未足，又尚论古之人[(1)]。颂其诗[(2)]，读其书，不知其人，可乎？是以论其世也。是尚友也。"

——《万章》下

【今译】　孟子对万章说道："一个乡村的优秀人物才结交那一乡村的优秀人物，全国性的优秀人物才结交全国性的优秀人物，天下性的优秀人物才结交天下性的优秀人物。认为结交天下性的优秀人物还不够，便又追论古代的人物。吟咏他们的诗歌，研究他们的著作，不了解他的为人，可以吗？所以要讨论他那一个时代。就是追溯历史与古人交朋友。"

【注释】

（1）尚：同"上"。

（2）颂：同"诵"

## 二至三章：表明圣贤之心无不同，当体其心而效法其行事。

**2.【章旨】　孟子称颂禹、汤、文王、武王、周公五圣之美德。**

【原文】　孟子曰："禹恶旨酒而好善言。汤执中，立贤无方[(1)]。文王视民如伤，望道而未之见[(2)]。武王不泄迩，不忘远[(3)]。周公思兼三王，以施四事；其有不合者，仰而思之，夜以继日；幸而得之，坐以待旦。"

——《离娄》下

【今译】 孟子说："禹不喜欢美酒，却喜欢至理名言。汤秉持中正之道，能破格提拔德才兼备的人。文王总把百姓当作伤员一样，［加以怜爱；］追求真理又好像总看不到它，［从不松懈。］武王不轻侮在朝廷中的近臣，不遗忘散在四方的远臣。周公想要兼学夏、商、周三代的君王，来实践禹、汤、文、武的事业；如果不合于当日情况的，便抬着头夜以继日地考虑；总算想通的话，便坐着等到天亮［马上付诸实施］。"

【注释】

（1）方：通"常"。

（2）而：相当于"如"。

（3）不泄迩不忘远：赵岐注云："泄，狎；迩，近也。不泄迩（轻慢、侮辱）近贤，不遗忘远善；近谓朝臣，远谓诸侯也。"

**3.【章旨】 孟子推尊颜子与禹、稷所抱持之道相同。**

【原文】 禹、稷当平世，三过其门而不入[(1)]，孔子贤之。颜子当乱世，居于陋巷，一箪食，一瓢饮，人不堪其忧，颜子不改其乐[(2)]，孔子贤之。孟子曰："禹、稷、颜回同道。禹思天下有溺者，由己溺之也；稷思天下有饥者，由己饥之也。是以如是其急也。禹、稷、颜回易地则皆然。今有同室之人斗者，救之，虽被发缨冠救之[(3)]，可也；乡邻有斗者，被发缨冠而往救之，则惑也；虽闭户可也。"[(4)]

——《离娄》下

【今译】 禹、稷处于政治清明的年代，几次经过自家门口都不进去，孔子认为他们贤明。颜子处于政治昏乱的年代，住在狭窄的巷子里，一篮子饭，一瓜瓢水，别人都忍受不了那苦日子，他却不改变自己乐观向上的生活态度，孔子认为他贤良。孟子说："禹、稷、颜回［处世的态度表面上看去相反，其实］道理是一样的。禹觉得天下有人遭了水淹，就好像是自己被淹了一样；稷觉得天下有人饿着肚子，就好像是自己挨饿了一样，所以他们拯救百姓才这样急迫。禹、稷和颜子如果互相交换地位，也都会那样做的。假若有同住一室的人互相斗殴，我去救他，就是披散着头发，连帽子也不系好去救都可以；如果本乡的邻居家在斗殴，也披着头发帽带也不系好去救，那就是糊涂了；即使把门关着都是可以的。［颜回的行为正好比这样。］"

【注释】

（1）稷三过其门事，今史书无载。

（2）"颜子当乱世……"：可参见《论语·雍也》。

（3）被发缨冠：被，披；缨：冠上系带，此处用作动词。被发缨冠，比喻急迫。

（4）闭户可也：隐指颜回。

**四至五章：表明四圣各有其所长，可以为百世之师。**

**4.【章旨】 孟子评论伯夷之清，伊尹之任，柳下惠之和；而孔子则为圣之时者，以见其圣智兼备，集众圣之大成。**

【原文】 孟子曰："伯夷，目不视恶色，耳不听恶声。非其君，不事；非其民，不使。治则进，乱则退。横政之所出[(1)]，横民之所止，不忍居也。思与乡人处，如以朝衣朝冠坐于涂炭也。当纣之时，居北海之滨，以待天下之清也。故闻伯夷之风者，顽夫廉[(2)]，懦夫有立志。伊尹曰：'何事非君？何使非民？'治亦进，乱亦进，曰：'天之生斯民也，使先知觉后知，使先觉觉后觉。予，天民之先觉者也。予将以此道觉此民也。'思天下之民匹夫匹妇有不与被尧舜之泽者，若己推而内之沟中——其自任以天下之重也[(3)]。

柳下惠不羞污君，不辞小官。进不隐贤，必以其道。遗佚而不怨，阨穷而不悯。与乡人处，由由然不忍去也。'尔为尔，我为我，虽袒裼裸裎于我侧，尔焉能浼我哉？'故闻柳下惠之风者，鄙夫宽[(4)]，薄夫敦。孔子之去齐，接淅而行[(5)]；去鲁，曰：'迟迟吾行也，去父母国之道也。'可以速而速[(6)]，可以久而久，可以处而处，可以仕而仕，孔子也。"

孟子曰："伯夷，圣之清者也；伊尹，圣之任者也；柳下惠，圣之和者也；孔子，圣之时者也。孔子之谓集大成。集大成也者，金声而玉振之也[(7)]。金声也者，始条理也；玉振之也者，终条理也，始条理者，智之事也；终条理者，圣之事也。智，譬则巧也；圣，譬则力也。由射于百步之外也[(8)]，其至，尔力也；其中，非尔力也。"

——《万章》下

【今译】 孟子说："伯夷，眼睛不看丑恶的事物，耳朵不听丑恶的声音。不是他理想的君主，不去侍奉；不是他理想的百姓，不去使唤。天下太平，就出来做事；天下混乱，就退居田野。施行暴政的国家，住有暴民的地方，他都不忍心去居住。他想同乡巴佬相处，就好比穿戴着礼服礼帽坐在泥土或炭灰之上。在商纣的时代，住在北海海边，等待天下的清平。所以听到伯夷的风节的人，贪得无厌的人都廉洁起来了，懦弱的人也都有独立不屈的意志了。伊尹说：'哪个君主，不可以侍奉？哪个百姓，不可以使唤？'因此天下太平也出来做官，天下混乱也出来做官，并且说：'上天生育这些百姓，就是要先知先觉的人来开导后知后觉的人。我是这些人之中的先觉者，我将以尧舜之道来开导这些人。'他这样想：在天下的百姓中，只要有一个男子或一个妇女没有沐浴尧舜之道的雨露，便好像自己把他推进山沟送死一般——这便是他把天下的重担自己挑起来的态度。

柳下惠不以侍奉坏君主为羞耻，也不以官小而辞掉。立于朝廷，便不隐藏自己的才能，但一定按他的原则办事。被遗弃，也不怨恨；遭受穷困，也不忧愁。同乡巴佬相处，高高兴兴地不忍离开。[他说:]‘你是你，我是我，你纵然在我旁边赤身露体，哪能就沾染着我呢？’所以听到柳下惠高风亮节的人，胸襟狭小的人也心胸宽广起来了，刻薄的人也厚道起来了。孔子离开齐国，不等把米淘完，滤干就走；离开鲁国，却说，‘我们慢慢走吧，这是离开祖国的态度。’应该马上走就马上走，应该继续干就继续干，应该不做官就不做官，应该做官就做官，这便是孔子。”

孟子又说：“伯夷是圣人之中清高的人，伊尹是圣人之中负责的人，柳下惠是圣人之中随和的人，孔子则是圣人之中识时务的人。孔子，可以叫他为集大成者。‘集大成’的意思，[譬如奏乐，]就像先敲镈钟，最后用特磬收束，[有始有终的]一样。先敲镈钟，是节奏条理的开始；用特磬收束，是节奏条理的终结。条理的开始在于智，条理的终结在于圣。智好比技巧，圣好比气力。犹如在百步以外射箭，射到，是你的力量；射中，却不是你的力量。”

【注释】

（1）横（hèng）：凶暴，不讲理。

（2）顽：贪。

（3）其自任以天下之重也：“其”字前省略了主语“此”字。

（4）鄙夫：心胸狭隘的人。

（5）接淅而行：接，通“承”；淅，淘米水。此句的意思是“用手捞起淘米水中的米，来不及炊煮即离开”，形容离去之急迫。

（6）而：用法同“则”，《公孙丑》上有此四句，“而”皆作“则”。

（7）金声而玉振之：朱熹《集注》云：“并奏八音，则于其未作，而先击镈钟（大钟也。）以先其声；俟其既阕，而后击特磬，以收其韵。”振：收。

（8）由：同“犹”。

**5.【章旨】 孟子论述圣人之教化，足以感奋人之心志。**

【原文】 孟子曰：“圣人，百世之师也，伯夷、柳下惠是也。故闻伯夷之风者，顽夫廉，懦夫有立志；闻柳下惠之风者，薄夫敦，鄙夫宽。奋乎百世之上，百世之下，闻之莫不兴起也。非圣人而能若是乎？而况于亲炙之者乎？”

——《尽心》下

【今译】 孟子说：“圣人是百代的老师，伯夷和柳下惠便是这样的人。所以听到伯夷的风节的人，贪得无厌的人廉洁起来了，懦弱的人也有独立不屈的意志了；听到过柳下惠风格的人，刻薄的人也厚道起来了，胸襟狭小的人也心胸宽广起来了。他们在百代以前发奋而为，在百代之后，听到的人没有不为之感动奋发的。不是圣人，能够像这样吗？［百代以后还如此，］何况亲自接受熏陶的人呢？”

## 成语集锦

1. **尚友古人**：上与古人为友。
2. **立贤无方**：遇贤人则信用之，不论其出生如何。
3. **视民如伤**：比喻体恤民众之深。
4. **夜以继日**：日夜不停。
5. **坐以待旦**：坐着等待天亮，比喻办事勤谨。
6. **箪食瓢饮**：形容饮食之简陋。
7. **已饥已溺**：比喻关心民间疾苦。
8. **阨穷不悯**：虽然穷困，但不忧愁。
9. **接淅而行**：用手捞起淘米水中的米，来不及炊煮即离开，形容离去之急迫。
10. **易地皆然**：互换地位也都是一样。

## 要句精析

1. **文王视民如伤，望道而未之见。**

   句旨：文王爱民之深，求道之切。

2. **孟子曰："禹、稷、颜回同道。"**

   句旨：朱熹认为，圣贤之道，进则救民，退则修己。

3. **何事非君？何使非民？治亦进，乱亦进，伊尹也。**

   句旨："何事非君？何使非民"意思是：没有不可侍奉的君王，没有不可治理的人民。

4. **可以速而速，可以久而久，可以处而处。**

   句旨：孔子是圣人中识时务者。

5. **薄夫敦，鄙夫宽。**

   句旨：刻薄的人变得敦厚，器量狭小的人也变得宽厚。

# 第三篇

# 《大学》选读

（选四章）

## 《大学》简介

| | |
|---|---|
| 作者 | （1）“经”是曾子述孔子之意<br>（2）“传”是曾子的弟子述曾子之意 |
| 内容 | （1）讲述从本身修养，一直到平天下为止的一贯理论<br>（2）分为经一章、传十章<br>（3）八条目：格物、致知、诚意、正心、修身、齐家、治国、平天下<br>（4）三纲：明明德、亲民、止于至善<br>（5）六步骤：止、定、静、安、虑、得 |
| 价值 | （1）是自古传下来的做人做事最基本的道理<br>（2）为初学入德之门，古人为学次第之书 |
| 注疏 | 南宋朱熹撰有《大学章句》 |

# 《大学》选读

（选四章）

**一章为《大学》之纲目，合内外，综人己，规模极为宏大。**

**1.【章旨】 论大学之道，其三纲八目乃修己治人之方，由内而外，以求达到止于至善之一贯大道。**

【原文】 大学之道[1]，在明明德[2]，在亲民[3]，在止于至善[4]。知止而后有定[5]，定而后能静[6]，静而后能安[7]，安而后能虑[8]，虑而后能得[9]。物有本末，事有终始。知所先后，则近道矣。

古之欲明明德于天下者[10]，先治其国；欲治其国者，先齐其家；欲齐其家者，先修其身；欲修其身者，先正其心；欲正其心者，先诚其意；欲诚其意者，先致其知；致知在格物[11]。

物格而后知至，知至而后意诚，意诚而后心正，心正而后身修，身修而后家齐，家齐而后国治，国治而后天下平。自天子以至于庶人[12]，壹是[13]皆以修身为本。其本乱，而末治者否矣[14]。其所厚者薄，而其所薄者厚，未之有也[15]。

【今译】 大学做学问的纲领是：发扬先天固有的德性，革新旧的思想和习气，以求达到最完善的境界。知道了所要达到的境界，然后就要立下坚定的志向；有了坚定的志向，然后就能够心不妄动；能够心不妄动，然后就能居处安宁；能够居处安宁，遇事就能够思虑周到；能够思虑周到，自然就能到达“明德”和“新民”的至善境界。万物都有根本和枝节的差别，事情总有起始和终结的不同，知道了事物有先有后，就接近掌握做学问的方法了。

在古代要想使天下人都能够发扬先天固有的德性，必先从治国着手；要想治理好国家，必先齐整好大夫的家政；要想齐整好大夫的家政，必先修养好自身的思想；要想修养好自身的思想，必先端正好自己心中的意念；要想端正好自己心中的意念，必先使意念诚实；要想使意念诚实，必先探求并得到知识；探求并得到知识的关键，在于研讨事物的规律。

研讨了事物的规律，然后才能得到对于事物的认识；有了对事物的认识，然后心意才能诚实；心意诚实，然后意念才能端正；意念端正，然后自身思想才能得到修养；自身思想得到修养，然后大夫的家政才能齐整；大夫的家政齐整，然后国家才能得到治理；国家得到治理，然后才能天下和平。从天子直到老百姓，一切都应该以修身作为根本。在根本上搞乱了，要在末节上得到治理是不可能的。拿齐家来说，不以修身为本就意味着当厚的不厚，当薄的不薄，这样的事是自古以来没有的。

【注释】

（1）大学：大，古时读作“太”。古代人，八岁时入学，学习洒、扫、应、对等日常的礼节。十五岁时入大学，学习做人的道理。本篇讲的是大学做学问的途径。

（2）明明德：明，彰明、发扬；明德，先天固有的德行。《孟子·告子》云：“仁义礼智，非由外铄我也，我固有之也。”这种先天固有的德性，就其本体来说，是明净的，所以叫做“明德”。

（3）亲民：有两种解释。按二程、朱熹说法，“亲”和“新”字通用。新民，革除旧习，作一个“新民”。按王阳明说法，亲，指“亲爱”、“亲善”，和民众相亲爱，或相亲善，叫做“亲民”。两种说法都通。

（4）止于至善：达到最完善的境地；指在明明德、亲民两个方面达到最完善的境地。明明德、亲民、止于至善，三者是大学做学问的纲领。

（5）知止而后有定：知止，知道所要到达的境地；定，立定志向。

（6）静：心不妄动。

（7）安：居处安稳。

（8）虑：思虑周详。

（9）得：得到最善的境界。

（10）欲明明德于天下：要想使天下人都能够发扬“明德”。

（11）致知在格物：致，研究、探求；知，知识；致知，探求知识。格，至，即研讨；物，事物。格物、致知、诚意、正心、修身、齐家、治国、平天下，是儒家做学问的八条目。

（12）庶人：老百姓。

（13）壹是：一切。

（14）否：没有。

（15）其所厚者薄，而其所薄者厚，未之有也：就其家而言，当厚的反薄，当薄的反厚，这样的事是没有的。

**二至四章：论述由正心而修身、齐家、治国之要。**

**2. 【章旨】 论述修身先正其心，使心不受各种不当情绪之影响而有偏失，以期能正心而身修。**

【原文】 所谓修身在正其心者，身有所忿懥[(1)]，则不得其正；有所恐惧，则不得其正；有所好乐，则不得其正；有所忧患，则不得其正。心不在焉，视而不见，听而不闻，食而不知其味。此谓修身在正其心。

【今译】 所谓修身在于端正意念，就是内心有所怨恨和不满，不能称得起端正；有所恐惧，不能称得起端正；有所爱好和喜乐，不能称得起端正；有所忧虑和患难，不能称得起端正。如果心中所想的不在这里，那么眼睛虽然在看，却视而不见；耳朵虽然在听，却充耳不闻；嘴里虽然在吃，却尝不出滋味，这就是所谓修养自身品德首先要端正思想。

【注释】

（1）忿懥（zhì）：怨恨，愤怒。

**3. 【章旨】 论述齐家必先修其身，使身之所行中正而不偏。**

【原文】 所谓齐其家在修其身者，人之其所亲爱而辟焉[(1)]，之其所贱恶而辟焉，之其所畏敬而辟焉，之其所哀矜而辟焉[(2)]，之其所敖惰而辟焉[(3)]。故好而知其恶，恶而知其美者[(4)]，天下鲜矣。故谚有之曰："人莫知其子之恶，莫知其苗之硕[(5)]。"此谓身不修，不可以齐其家。

【今译】 所谓齐家在于修身的道理，就是人对于他所亲近的人而生偏僻的私心；对于他所瞧不起和讨厌的人产生一种偏僻的私心；对于他所敬畏的人产生一种偏僻的私心；对于他所怜悯的人产生一种偏僻的私心；对于他所视为骄傲和懒惰的人产生一种偏僻的私心。所以对于自己爱好的人而能知道他的坏处，对于自己讨厌的人而能知道他的美德，这样的人天下是少有的。所以俗话说："人由于溺爱自己的儿子，看不到他的坏处；人由于贪得心切，看不到自己的田苗长得丰硕。"这就是思想品德没修养好，不能够做到齐家。

【注释】

（1）辟：通"僻"，偏僻，这里指偏袒或有偏见。

（2）哀矜：哀怜。

（3）敖惰：敖，通"傲"，骄傲和懒惰。

（4）好（hào）而知其恶，恶（wù）而知其美：对于自己喜爱的人要知道他有坏处，对于自己讨厌的人要知道他有美德。

（5）谚：俗语。人莫知其子之恶，莫知其苗之硕：人由于溺爱自己的儿子，看不到他的坏处；人由于贪得心切，看不到自己的田苗长得丰硕。

**4.【章旨】 论述治国必先齐家，故当注重孝、弟、慈，并以之教化国人。**

【原文】 所谓治国必先齐其家者，其家不可教而能教人者，无之。故君子不出家而成教于国。孝者，所以事君也；弟者，所以事长也；慈者，所以使众也。《康诰》曰："如保赤子(1)。"心诚求之，虽不中不远矣。未有学养子而后嫁者也(2)。一家仁，一国兴仁；一家让，一国兴让(3)。一人贪戾(4)，一国作乱。其机如此。此谓一言偾事(5)，一人定国。尧舜帅天下以仁(6)，而民从之。桀纣帅天下以暴(7)，而民从之。其所令，反其所好，而民不从(8)。是故君子有诸己(9)，而后求诸人；无诸己，而后非诸人。所藏乎身不恕(10)，而能喻诸人者(11)，未之有也。故治国在齐其家。《诗》云："桃之夭夭，其叶蓁蓁。之子于归，宜其家人(12)。"宜其家人，而后可以教国人。《诗》云："宜兄宜弟(13)。"宜兄宜弟，而后可以教国人。《诗》云："其仪不忒，正是四国(14)。"其为父子兄弟足法，而后民法之也。此谓治国在齐其家。

【今译】 所谓治国必先齐家的道理，就是对于自己的家人尚且不能教导好，而能够教导国人的人是没有的。所以君子人立足于家教，家教搞好了，国人的教化也就完成了。孝道，在家是孝敬父母，在国就是敬事君上。悌道，就是尊敬长者。慈爱晚生，就能使役众人。《康诰》说："如同爱护婴儿一样。"以慈爱为例子，内心真的慈爱婴儿的话，就要揣摸婴儿的心理，即使不能完全揣摸到也不会相差很远了。没听说哪个女子先学会养孩子，然后再去出嫁的。在家行仁爱，一国就仁爱成风。在家行礼让，一国就礼让成风。君主一人贪婪残暴，一国就要发生动乱。事情的发展机理就是这样。这叫做一句话可以坏事，一个人可以定国。尧舜以仁政统率天下，天下人都随着行仁爱。桀纣以暴政治天下，天下人就随着行暴乱。要求别人向善，自己所做的却恰恰相反，老百姓是不会信服的。所以君子要自己先做到，然后再去要求别人；自己不做坏事，然后再去批评别人。能够推己及人，就是恕道。自己本身不行恕道，而能晓谕别人行恕道的事是没有的。所以说治国在于齐家。《诗·周南·桃夭》说："火红的桃花盛开着，绿绿的叶子多茂盛。这个女子出嫁了，和和睦睦一家人。"家人友善，然后可以教国人友善。《诗·小雅·蓼萧》说："和和睦睦两兄弟。"兄弟友善，然后可以教国人友善。《诗·曹风·鸣鸠》说："君主的举止不错，匡正那四方邦国。"这样才能够为父子兄弟所效法，然后老百姓才能够效法起来。这叫做治国在于齐家。

【注释】

(1)《康诰》:《尚书》的篇名。如保赤子：对待一切人，无论是家人还是国人，都要像对待赤子一般加以爱护。

（2）未有学养子而后嫁者也：没有先学会养孩子，然后嫁人的。

（3）让：礼让。

（4）一人：指君主。贪戾（lì）：贪婪，残暴。

（5）偾（fēn）：败坏、覆败。

（6）尧舜：尧，传说中的古代原始父系氏族社会的部落联盟领袖，陶唐氏，名放勋，史称唐尧。传说他推举舜作继承人。舜，传说中的古代原始父系氏族社会的部落联盟领袖，有虞氏，姓姚，名重华，史称虞舜。

（7）桀纣：桀，夏桀，夏代最末一代的国君，名履癸，荒淫残暴，为商代所推翻。纣，又称帝辛，商代最后的君主，暴虐无道，为周武王所灭。

（8）其所令，反其所好，而民不从：要求别人为善，自己做的却和要求别人的相反，这样老百姓是不会信服的。

（9）君子有诸己：诸，"之于"的谐音，这句话的意思是：君子自己能够做到的。

（10）所藏乎身不恕：自己本身不行恕道。

（11）而能喻诸人者：喻，晓谕，这句话的意思是：而能够以恕道晓谕别人的人。

（12）《诗》：指《诗·周南·桃夭》篇。夭夭：形容桃花鲜红的颜色。蓁蓁（zhēn zhēn）：形容树叶茂盛的样子。之子：之，指示代词，这个；子，女子，指出嫁的女子。归：女子出嫁叫做归。宜：友善，和睦。诗的大意是：火红的桃花盛开着，绿绿的叶子多茂盛，这个女子出嫁了，和和睦睦一家人。

（13）"《诗》云……"：见《诗·小雅·蓼萧》。宜：友善，和睦。诗的大意是：和和睦睦两兄弟。

（14）"《诗》云……"：见《诗·曹风·鸤鸠》。仪：仪表，言语行动。忒（tè）：差错。正：匡正，治理。四国：四方的邦国。诗的大意是：君主的举止不错，匡正那四方的邦国。

## 成语集锦

**1. 止于至善：**达到最完善的地步。

**2. 格物致知：**穷究事物的道理，推及自己的知识，欲其所知无不尽。

**3. 心不在焉：**心在别处，比喻注意力不集中。

4. 视而不见：眼睛看着东西，却好像没有看到，指不注意，不重视，也指不理睬。
5. 听而不闻：耳朵听着声音，却好像没有听到，常与“视而不见”连用。
6. 食不知味：口里吃着东西，却不知道什么滋味，形容情绪不好影响食欲。
7. 桃之夭夭：以桃花盛开为比喻，赞美男女及时嫁娶。
8. 一言偾事：说错了一句话，足以败坏大事。
9. 如保赤子：爱民如同爱护自己的婴儿一样。
10. 宜兄宜弟：兄弟彼此和睦。

## 要句精析

1. 其本乱，而末治者否矣。其所厚者薄，而其所薄者厚，未之有也。
   句旨：所谓“本”，“厚”，是指修身。
2. 身有所忿懥，则不得其正；有所恐惧，则不得其正；有所好乐，则不得其正；有所忧患，则不得其正。
   句旨：意谓欲正其心者，当持其志，毋暴其气。
3. 心不在焉，视而不见，听而不闻，食而不知其味。
   句旨：心有旁骛，则无以修其身。
4. 好而知其恶，恶而知其美者，天下鲜矣。
   句旨：心无偏执而能明识秋毫者，世上少有。
5. 人莫知其子之恶，莫知其苗之硕。
   句旨：溺爱者不明，贪得者无厌。
6. 一家让，一国兴让。一人贪戾，一国作乱。
   句旨：上行下效。
7. 尧舜帅天下以仁，而民从之。桀纣帅天下以暴，而民从之。
   句旨：一家仁，一国兴仁；一人贪戾，一国作乱。
8. 君子有诸己，而后求诸人；无诸己，而后非诸人。
   句旨：讲求恕道。
9. 所藏乎身不恕，而能喻诸人者，未之有也。
   句旨：正人必先正己。
10. 其仪不忒，正是四国。
   句旨：治国必先治家。

# 第四篇

# 《中庸》选读

（选四章）

# 《中庸》简介

| | |
|---|---|
| 作者 | 相传为孔子之孙子思所作（子思是曾子的学生） |
| 内容 | 讲儒家的人生哲学：性、情、中和、忠恕、智、仁、勇、诚 |
| 价值 | （1）孔门传授之心法<br>（2）中庸之道是支配中华民族数千年的主要思想<br>（3）“博学、审问、慎思、明辨、笃行”，学者以之为养慧之法 |
| 注疏 | 南宋朱熹撰有《中庸章句》 |

# 《中庸》选读

(选四章)

**一章为《中庸》纲领，综论天人之道，而以人之反求诸己，充实本然之善，以达中和之境界为要。**

**1.【章旨】 说明道之本源出于天而不可变易，道体备于己而不可分离；以及存养省察之要、致中和之最高境界。**

【原文】 天命之谓性(1)，率性之谓道(2)，修道之谓教。道也者，不可须臾(3)离也，可离非道也。是故君子戒慎乎其所不睹(4)，恐惧乎其所不闻。莫见乎隐，莫显乎微，故君子慎其独也(5)。喜怒哀乐之未发，谓之中(6)。发而皆中节，谓之和(7)。中也者，天下之大本也(8)。和也者，天下之达道也(9)。致中和，天地位焉，万物育焉(10)。

【今译】 大自然赋给人类的，叫做人性。遵循人性自然的道理行事，叫做道。修养人性自然的道理，叫做教。道是不能片刻离开的，能够离开就不是道了。所以君子在人们看不见的地方要警惕谨慎，在人们听不到的时候要恐慌戒惧，不要让情欲等意念在隐晦的地方表现出来，在细微的时候显露出来，所以君子要自己要求自己。喜怒哀乐的情感还没有发露出来，叫做“中”。已经发露出来而又完全符合礼义准则，叫做“和”。中是天下的根本所在。和是天下人共同的必由之路。能够达到中和的境界，既体现了天、地、人三位一体的境界，也是天地化生万物的大德所在。

【注释】

(1)天命之谓性：天，指自然的天；命，生成、禀赋；性，人性，自然地生成的，或自然的禀赋叫做人性。

(2)率性之谓道：率，遵循；道，道理。遵循人生自然的道理行事，叫做“率性之谓道”。

(3)须臾(yú)：片刻。

(4)戒慎：警惕，谨慎。不睹：在人们看不见的地方。

（5）见：通“现”。隐：隐暗的地方。微：细微的地方。独：独自一人。这句话的意思是：修道的事要在情欲等意念还处在隐微、萌芽的状态，就把它克服掉，不让它显现出来，所以君子要自己要求自己。

（6）中：指没有“过”或“不及”。这句话意思是：喜怒哀乐等情感活动尚未表现在外时，不存在“过”或“不及”的弊病，所以叫做“中”。

（7）中节：适度，或符合礼仪的准则，叫做“中节”。这句话意思是：喜怒哀乐等情感表现出来时，做到适度，符合礼仪的准则，就是“中节”。

（8）大本：大本源。意思是：心性持中是平天下的根本所在。

（9）达道：天下人共同的必由之路。这句话的意思是：使思想感情符合礼仪的准则，是天下人共同的必由之路。

（10）致中和：使自然之性达到中和这一最完美的境界。儒家学派认为：能够致中和，既体现了天地化生万物的大德，也是实现了天、地、人三位一体的最高境界，所以称：“天地位焉，万物育焉”。

**二至四章：论述诚为贯通天人之道，苟能行之，则可以成己成物。**

**2.【章旨】 孔子说明中庸之道不远离人事，应以忠恕行之，且行之在己。**

【原文】 子曰：“道不远人。人之为道而远人，不可以为道。《诗》云：‘伐柯伐柯，其则不远’，执柯以伐柯，睨而视之，犹以为远[1]。故君子以人治人，改而止。忠恕违道不远[2]，施诸已而不愿，亦勿施于人。君子之道四，丘未能一焉[3]。所求乎子，以事父未能也。所求乎臣，以事君未能也。所求乎弟，以事兄未能也。所求乎朋友，先施之未能也[4]。庸德之行，庸言之谨[5]，有所不足，不敢不勉，有余不敢尽。言顾行，行顾言，君子胡不慥慥尔[6]？”

【今译】 孔子说：“道在日常生活里，并不远离人事。有些人天天讲道却远离人事，不能说他们讲的是正道。《诗经》说：‘砍斧柄，砍斧柄啊！斧柄的样板就在眼前。’手拿斧柄来砍木头做斧柄，需要斜着眼睛看手中的斧柄，两个斧柄还是不一样。若以中庸之道治理人事就不同了，所以君子以人道治理人事，做到改过就行了。能够行忠恕，距离道就不远了。所谓行忠恕，就是不愿意加到自己身上的事情，也不要加到别人的身上。君子之道有四端，孔丘一项也没能做到。譬如，要求做子女的要孝敬父母，没能做到；要求做臣下的要敬事君上，没能做到；要求做弟弟的要尊敬兄长，没能做到；要求对待朋友要先施与人，没能做到。对于日常的言语德行，必须谨慎从事，自己感到有做得不够的地方，不敢不自我勉励地去做；自己感到有说得不足的地方，那也不敢不留有余地。自己说的要符合自己做的；自己做的要符合自己说的，君子为什么不做到言行一致呢？”

【注释】

（1）“《诗》云……”：见《诗 · 豳风 · 伐柯》。伐：砍伐，砍削。柯：斧柄。则：样板，方法。睨：斜视。改：改过。诗的大意是：砍木头做斧柄啊！砍木头做斧柄啊！斧柄的样板就在面前。

（2）违：离开。

（3）丘：孔丘，孔子的自称。

（4）求：要求，责成。

（5）庸：平常。这句话意思是：所做的是平常的德行，所谨守的是平常的言论。

（6）顾：照顾到。胡：何。慥慥（zào zào）：形容言行相应的诚实的样子。

**3.【章旨】 孔子告诉哀公：为政之道在于得人，得人之本在于修身，修身之要在于履行五大道、三大德；并明确治天下国家有九经，须以明善诚身行之；而以“诚”为其枢纽。**

【原文】 哀公问政[1]。子曰：“文武之政，布在方策[2]。”其人存，则其政举。其人亡，则其政息[3]。人道敏政，地道敏树[4]。夫政也者，蒲卢也[5]。故为政在人，取人以身，修身以道，修道以仁。仁者，人也；亲亲为大[6]。义者，宜也；尊贤为大。亲亲之杀[7]，尊贤之等， 礼所生也。在下位，不获乎上，民不可得而治矣[8]。故君子不可以不修身；思修身，不可以不事亲；思事亲，不可以不知人；思知人，不可以不知天。天下之达道五[9]，所以行之者三，曰：君臣也，父子也，夫妇也，昆弟也，朋友之交也，五者天下之达道也。智、仁、勇三者，天下之达德也，所以行之者一也[10]。或生而知之，或学而知之，或困而知之[11]，及其知之一也。或安而行之，或利而行之，或勉强而行之，及其成功一也。子曰[12]：“好学近乎知，力行近乎仁，知耻近乎勇。”知斯三者[13]，则知所以修身；知所以修身，则知所以治人；知所以治人，则知所以治天下国家矣。凡为天下国家有九经[14]，曰：修身也，尊贤也，亲亲也，敬大臣也，体群臣也[15]，子庶民也[16]，来百工也[17]，柔远人也[18]，怀诸侯也[19]。修身则道立[20]，尊贤则不惑，亲亲则诸父昆弟不怨[21]，敬大臣则不眩[22]，体群臣则士之报礼重，子庶民则百姓劝[23]，来百工则财用足，柔远人则四方归之[24]，怀诸侯则天下畏之[25]。齐明盛服，非礼不动，所以修身也。去谗远色[26]，贱货而贵德，所以劝贤也。尊其位，重其禄，同其好恶，所以劝亲亲也。官盛任使[27]，所以劝大臣也。忠信重禄，所以劝士也。时使薄敛[28]，所以劝百姓也。日省月试，既禀称事[29]，所以劝百工也。送往迎来，嘉善而矜不能[30]，所以柔远人也。继绝世[31]，举废国[32]，治乱持危，朝聘以时[33]，厚往而薄来，所以怀诸侯也。凡为天下国家有九经，所以行之者一也。凡事豫则立，不豫则废[34]。言前定则不跲[35]，事前定则不困，行前定则不疚[36]，道前定则不穷。在下位，不获乎上[37]，民不可得而治矣。获乎上有道，不信乎朋友，不获乎上矣。信乎朋友有道，不顺乎亲，不信乎朋友矣。顺乎亲有道，反诸身不诚[38]，不顺乎亲矣。诚身有道，不明乎善，不诚乎身矣。诚者，天之道也[39]，诚之者，人之道也[40]。诚者，不勉而中[41]，不思而得，从容中道，圣人也。诚之者，择善而固执之者也[42]。博学之，审问之[43]，慎思之，明辨之，笃行之。有弗学，学之弗能弗措也[44]。有弗问，问之弗知弗措也[45]。有弗思，思之弗得弗措也[46]。有弗辨，辨之弗明弗措也[47]。有弗行，行之弗笃弗措也[48]。人一能之，己百之[49]。人十能之，己千之。果能此道矣，虽愚必明，虽柔必强。

【今译】 鲁哀公问道：怎样治理政事呢？孔子回答说："周文王、武王治理政事，是把大政方针刻在方版和竹简上公布出来。"文王、武王在世时，他们的大政方针能够施行起来。文王、武王去世以后，他们的大政方针就没有人执行了。人事的道理通过国家的政事迅速地反映出来，土地的肥沃程度通过树木的生长迅速地反映出来，治理政事就像芦苇生长的道理一样，能够立见功效的。所以治理政事在于得人，录用人才在于人本身，修身要立足于'道'，修道要立足于仁。仁，就是爱人。在爱人的道理里面，应该把敬爱父母放在第一义的地位上。义，就是使人人各得其宜。在宜人的道理面前，应该把尊敬贤德的人放在第一义的地位上。亲爱亲者是有差别的，尊敬贤德的人是有等级的，这里面就产生了礼的准则的问题。在下位的人不能取得在上位人的信任，老百姓就不可能治理好，所以君子不能够不注意修身；要想修身做得好，就不能不敬事父母；要想孝敬父母做得好，就不能够不了解人；要想了解人的事情做得好，就不能够不了解天。天下共同的伦常道理有五项，实行这五项伦常道理的德目有三项。五项伦常道理是：君臣、父子、夫妇、兄弟、朋友的交往，这五项是天下共同的伦常道理。智、仁、勇三项是天下共同的德目。德目虽然是三个，但是，实行起来归结到一点，就是立足于一个"诚"字。天下人，有的人是生来就聪明智慧、知识渊博的；有的人是经过学习才知识渊博起来的；有的人是经过刻苦努力才得到知识的。这三种人虽然得到知识的途径不同，但是，他们最终到达知识的境界是一样的。就实行方面来说，有的人自自然然地就实行起来；有的人在利导之下才实行起来；有的人是被迫勉强地实行起来。这三种人尽管自觉的程度不同，但是，最终到达成功的境界都是一样的。孔子说："爱好学习就接近于智了；能够身体力行，就接近于仁了；知道廉耻就接近于勇了。"知道这三个德目，就懂得了修身的道理；懂得了修身的道理，就知道了治理人事的道理；知道了治理人事的道理，就知道怎样治理天下国家了。一般来说，治理天下国家有九条准则：修身、尊敬贤者、孝敬父母、敬重大臣、体察群臣、疼爱老百姓、招徕百工、体恤商贾行旅、亲和诸侯。修身就能够立足于道；尊敬贤德的人就不会受迷惑；亲敬亲人，伯叔兄弟就不会有怨言；敬重大臣，就不会眩惑；体察群臣，士大夫就会以重礼回报；疼爱老百姓，老百姓就会勤奋生产；招徕百工，财用就会充足；体恤商贾行旅，四面八方的人就来归服；亲和诸侯，天下人就畏服；穿起整洁美好的祭服，祭祀时不符合礼仪准则的事不做，这就是修身的道理；不听谗言，远离美色，轻财货而崇尚贤德的人，这就是进劝贤者的道理；推尊他的地位，厚重他的俸禄，好恶要取得一致，这就是劝勉亲敬亲人的道理；多设一些小官，供大臣调遣，这就是鼓励大臣的方法；言必忠信，俸禄从优，这就是鼓励士大夫的方法；动用劳力要照顾农时，少征赋税，这是鼓励老百姓的方法；每日考察做工的勤惰，按月考察做工的成绩，按照做工所取得的成果，给予粮食等实物酬金，这是奖励各种工匠的方法；送往迎来，嘉奖好的而怜悯残疾人，这是体恤商贾行旅的方法；对于断绝后代的诸侯要找旁系的子孙来继承；对于失去封土的诸侯国家，要给予土地，重新树立起来；治理动乱，扶持危亡，按时进行朝觐和聘问的礼节，赠给诸侯的礼物要丰厚一些，诸侯送来的礼物不要苛求，这就是亲和诸侯的道理。治理天下国家的准则有九项，但是，实行起来归结到一点，就是要立足于一个"诚"字。无论做什么事情，事先有所准备就会成功，如果事先没有准备就会失败。譬如：发言，事先想定了就不会有说不通的地方；处理问题，事前想好了就不会陷入困境；做事情，事前想周到了就不会出毛病；行中庸之道，预先努力用功去做就不会有不够用的时候。在下位的人不得到在上位的人的信任，老百姓是不可能治理好的。要想得到上位的人的信任是有道路可循的，不取信于朋友是不可能得到在上位者的信任的；取信于朋友是有道路可循的，不孝顺父母是不能取信于朋友的；孝敬父母是有道路可循的，反躬自问不能诚信是不会孝顺父母的；反躬自问是有道可循的，不发扬善的德性是不能反躬自问的。诚，是自然的道理；立足于"诚"，是人事的道理。诚，是不必勉强就符合中庸之道，不假思考就能体会中庸之道，一切言行都从容不迫地履行着中庸之道，这就是达到'圣人'的境地了。立足于"诚"，是选择善端而坚持不懈地实行下去。对于善端，就是要广博地去学习，详细地询问清楚，谨慎地进行思考，明白地进行辨别，切实地实行起来。假使有一种学问没有学习过，就要努力地学习，不到完全掌握绝不放下；假如有一些不明白的问题没有提问，就要提出来询问，不到完全了解清楚是不会停下来的；假如有一些问题没有思考明白，就要用心思考，不到有所领会是不会停下来的；假如有些事情没有辨别清楚，就要进行分辨，不到辨别清楚是不肯停下来的；假如有一些善端没有实行起来，就要实行起来，不做到敦实笃厚的地步是不会停下来的。别人一次能够掌握的，自己要做它上百次；别人十遍能够学会的，自己做它上千遍。如果真的能够做到这一步，即使再愚钝的人也一定会聪明起来，即使再柔弱的人也会坚强起来。

【注释】

（1）哀公：鲁哀公，姓姬，名蒋，春秋末期鲁国的国君。

（2）方：方版。策：简策，竹简。方策，古代记事的典籍。

（3）息：熄灭。

（4）敏：快速。人道敏政，地道敏树：由人治理政事则政事见效快，就像用地种树则树木生长快一样。

（5）蒲卢：芦苇（依沈括说），生长快速的植物。

（6）亲亲：前面的“亲”字是动词，当“亲爱”、“亲近”讲；后面的“亲”字是名词，宾语，指亲人，父母。亲亲，亲近自己的亲人，或亲爱自己的父母。

（7）亲亲之杀（shài）：杀，减少，降等。就亲亲来说，有父母之亲，有叔伯之亲，这里面是有差别的。

（8）“在下位，不获乎上，民不可得而治矣”，郑玄注：这三句应该在后面“获乎上有道”句的前面。

（9）达道：达，当“通”字讲。天下古今的人所共同遵循的道理，叫做“达道”。

（10）达德：达，当“通”字讲。天下古今的人应该共同具备的德性，叫做“达德”。一：指立足于一个“诚”字。

（11）困而知之：困，指有弄不懂的问题，或有弄不通的地方。

（12）“子曰”：朱熹认为这两个字是衍文。

（13）斯：指示代词，此，这。

（14）九经：经，常道，准则。九条准则，称为“九经”。

（15）体：体恤，抚恤。

（16）子庶民：子，体恤。像父母爱子女一样地体恤庶民。

（17）来百工：来，通“徕”，招徕；百工，各方面的匠人。

（18）柔远人：柔，安抚；远人，指商贾行旅等人。

（19）怀诸侯：怀，亲和，抚恤。

（20）道立：立，成立，体现，指道在自己身上能够体现出来。

（21）不惑：惑，迷惑，惑乱。昆弟：兄弟。不怨：怨，怨怒，出怨言。

（22）眩（xuán）：眩惑，迷惑。

（23）劝：劝勉。

（24）归：归服，来归。

（25）畏：敬畏，畏服。

（26）去谗（chán）远色：谗，谗言；色，美色。此句意为：不听谗言，疏远美色。

（27）官盛任使：盛，指官位高、官员多；任，任用；使，调遣。

（28）时使薄敛：时，四时，按季节；使，役使。这里是说征用劳力要考虑季节，以免影响生产。敛：赋敛。薄敛：少征税。

（29）日省（xǐng）：省，考察，察看，每日考察做工的勤惰。月试：试，考试，按月考试做工的成绩。既禀（kài lǐn）：既，通"饩"，给予、发给；禀，通"廪"，府库的粮食。称（chèn）：相称，符合。事：事功，指做工所取得的成果。

（30）嘉善：嘉奖有善行的人。矜（jīn）不能：矜，体恤，怜悯；不能，没有才能的人。这句话意思是：体恤没有才能的人。

（31）继：继续。绝世：断绝后代的诸侯。对于断绝后代的诸侯国家，选择旁系的子孙接续君位，叫做"继绝世"。

（32）举：树立。废国，失去封土的国家。对于失去封土的国家，授予土地，重新树立起来，叫做"举废国"。

（33）朝：诸侯觐见天子。聘：诸侯国家派遣大夫互致问候并进献礼物。《礼记·王制》云："比（每）年一小聘，三年一大聘，五年一朝"。

（34）豫：事先做好准备。立：成功。废：失败。

（35）跲（jiá）：跌跤，绊倒，这里指"说不通"。

（36）疚（jiù）：病，毛病。

（37）获：获得。获乎上：获得在上位的人的信任。

（38）反：反问。身：自身。诚：诚信，真实而不虚妄。

（39）天：自然。天之道：自然的道理。

（40）诚之者：诚信地去做。人之道：人事所当然的道理。

（41）勉：勉强。中（zhòng）：符合，这里指符合道的准则。

（42）固执：坚守不放。

（43）审问：审，详细；"审问"意为：详细地询问。

（44）有弗学，学之弗能弗措也：有所不学则已，既然学了，那么，不把它学到手就不放下。

（45）问：向别人请教。

（46）思：用心思考。

（47）辨：辨别清楚。

（48）行：履行，照着所学的道理去做。笃：笃实，诚信。

（49）人一能之，己百之：别人学一遍就学会了的，自己学它一百遍。

**4.【章旨】 说明诚与人之关系。**

【原文】 诚者自成也，而道自道也[(1)]。诚者物之终始，不诚无物[(2)]，是故君子诚之为贵。诚者，非自成己而已也，所以成物也。成己，仁也；成物，知也。性之德也，合外内之道也，故时措之宜也[(3)]。

【今译】 诚，是由自我来完成的；道。是由自我来体认的。诚，贯穿在事物发展的全过程；离开了诚，事物本身就不存在了，所以君子要特别重视诚。诚，并不是完成自我就算完了，而且还要使物完成。完成自我，是仁；使物完成，是智；这两方面都是自然的德性的体现，是实现主体和客体统一的必由之路，所以依时而行是最恰当不过的了。

【注释】

（1）自成：由自我完成。自道（dǎo）：由自我实行。

（2）诚者物之终始，不诚无物："诚"作为宇宙万物的本体，贯穿在事物发展的全过程，离开了"诚"，事物就不存在了。

（3）外：指成物。内：指成己。时措之：随时实行起来。宜：适宜。

## 成 语 集 锦

**1. 戒慎恐惧**：警戒谨慎，惶恐畏惧。

**2. 莫见乎隐**：没有比隐暗的地方更容易发现的了。

**3. 庸德之行**：虽平常的道德，仍努力实践。

**4. 言行相顾**：说的话要符合所做的事，做的事要符合所说的话。

**5. 人存政举**：人在位的时候，政事就施行。

**6. 奇明盛服**：庄敬洁净，正其衣冠。

**7. 去谗远色**：不听谗言，远离女色。

**8. 日省月试**：经常进行考核。

**9. 送往迎来**：送别、迎接往来的人。

**10. 治乱持危：** 有乱事，为其平定；有危难，为之扶助。
**11. 择善固执：** 择取善道而能坚定地持守。
**12. 反身而诚：** 反省自身。
**13. 人一己百：** 别人用一分力气就能做好，自己用一百分力气去做。
**14. 从容中道：** 一举一动，不需思考，不需勉强，都自然合于道。
**15. 事豫则立：** 事先做好准备就能成功。
**16. 成己成物：** 完成自己的人格，进而完成一切事物。
**17. 不诚无物：** 不诚则不能成就一切事物。

## 要句精析

**1. 是故君子戒慎乎其所不睹，恐惧乎其所不闻。**
句旨：① 君子存养省察功夫。
② 君子慎其独，不须臾离道。
**2. 道不远人。人之为道而远人，不可以为道。**
句旨：道体备于己而不离于人。人不谙于此，强而为之，故愈务愈远。
**3. 伐柯伐柯，其则不远。**
句旨：道不远人，人当努力行道。
**4. 执柯以伐柯，睨而视之，犹以为远。**
句旨：道不远人，人自远道。
**5. 忠恕违道不远，施诸己而不愿，亦勿施于人。**
句旨：忠恕之道，乃己所不欲，勿施于人。
**6. 言顾行，行顾言，君子胡不慥慥尔？**
句旨：君子宜言行相副，诚笃力行。
**7. 人道敏政，地道敏树。夫政也者，蒲卢也**
句旨：人存政举，其易若此。
**8. 亲亲之杀，尊贤之等， 礼所生也。**
句旨：爱亲尊贤，各依差等。
**9. 言前定则不跲，事前定则不困，行前定则不疚，道前定则不穷。**
句旨：凡事豫则立，不豫则废。
**10. 人一能之，己百之。人十能之，己千之。果能此道矣，虽愚必明，虽柔必强。**
句旨：勤能补拙。

# 参考文献


[1] 朱熹. 四书集注. 长沙：岳麓书社，1987.

[2] 刘宝楠. 论语正义. 石家庄：河北人民出版社，1986.

[3] 焦循. 孟子正义. 石家庄：河北人民出版社，1986.

[4] 杨伯峻. 论语译注. 北京：中华书局，2006.

[5] 宋裕. 中国文化基本教材精粹. 中国台湾：台湾建新出版社，2006.

[6] 乌恩溥. 四书译注. 长春：吉林文史出版社，1990.

[7] 徐志刚. 论语通译. 北京：人民文学出版社，2003.

[8] 杨伯峻，杨逢彬. 孟子. 长沙：岳麓书社，2000.

# 后　记

《国学简易教材初编》（原名《国学读本》），编写于2007年。最初在内江铁路机械学校内部分班级试用，后在全校推广使用。这次正式出版，对其中的一些错误和疏漏处进行了修改和补充，对不一致的注释与翻译进行了统一，增补了一些注释，并将原有一些（由于采用不同版本所致的）有歧义、存多说的注释归一到朱熹的《四书集注》。同时，参照中国台湾出版的《中国文化基本教材精粹》补齐了“《孟子》选读”、“《大学》选读”、“《中庸》选读”后的“成语集锦”、“要句精析”两部分内容，并对照刘宝楠的《论语正义》和焦循的《孟子正义》将教材原有“章旨”再次进行了疏理和审定。这样，教材在体例上保持了前后一致，较之出版前更为合理。

本教材原本只是为了方便教学，为学生和教师在“国学”课上提供一本简易便捷的参考读本，以免检索之费时。教师在讲授这门课的时候，对此读本，或见仁或见智或为主或为辅，具有很大的发挥空间。教学的着眼点既不在文字，亦不离文字，重在引导学生有所感悟、有所愤悱，故若作为一本要素齐全的教材，它还需要进一步完善。

承蒙西南交大出版社的眷顾，教材得以正式出版，在此表示诚挚的感谢；同时要感谢提议编写这本教材并为教材编写提供参考资料的李青锋先生以及组织编写这本教材并为之绸缪献猷的程波先生；徐安铜、钟小明、巫文君诸先生，为教材的修订提出了宝贵意见，在此一并感谢。我们期盼这本书能为国学在校园中的传播，为中国传统文化在校园中的复兴起到呼吁和铺路的作用，并为学校的德育教育以及培养学生做人做事的良好道德规范起到一定的作用。

**编　者**

2009年6月